캐디가 말하는 골퍼들의 이야기

골퍼들의
썰

골퍼들의 썰
캐디가 말하는 골퍼들의 이야기

초판 1쇄 발행 2023년 6월 23일

지은이 올리
펴낸이 장길수
펴낸곳 지식과감성#
출판등록 제2012-000081호

교정 김지원
디자인 이은지
편집 윤혜성
검수 한장희, 윤혜성
마케팅 정연우

주소 서울시 금천구 벚꽃로298 대륭포스트타워6차 1212호
전화 070-4651-3730~4
팩스 070-4325-7006
이메일 ksbookup@naver.com
홈페이지 www.knsbookup.com

ISBN 979-11-392-1165-8(03690)
값 13,000원

- 이 책의 판권은 지은이에게 있습니다.
- 이 책 내용의 전부 또는 일부를 재사용하려면 반드시 지은이의 서면 동의를 받아야 합니다.
- 잘못된 책은 구입하신 곳에서 바꾸어 드립니다.

지식과감성#
홈페이지 바로가기

캐디가 말하는 골퍼들의 이야기

골퍼들의 썰

올리 지음

**캐디 생활은 정말 다양한 사람들을 만나는 직업이다.
누구보다도 많은 사람을 만나다 보면 별의별 일이 다 일어난다.
누가 골프를 매너 운동이라고 했는지.**

징살과감성

이 책의 차례

chapter 1
새로운 시작 6

chapter 2
초보 28

chapter 3
웃음 42

chapter 4
불륜 92

chapter 5
진상 100

chapter 6
감동 154

새로운 시작

1

  오래전 직장을 이직하는 과정에서 우연히 지역 신문 구인란에 4시간 근무에 고소득이 적혀 있는 걸 보게 되었다. 당시의 평균 월급보다 너무 많아서 뭐 떼고 뭐 떼면 사실 절반이겠지 하는 마음으로 전화를 걸었다. 당시에는 학원 비슷한 곳에서 골프장과 연계해 보내 주었는데, 골프장에서 오전에 이론 교육을 자세히 배우고 선배들을 따라다니며 현장 교육을 받았다. 골프공이 어떻게 생긴 줄도 모르고 시작한 일이어서 이론이 나에겐 너무 어려웠고 무슨 얘긴지 하나도 알아듣지 못했다. 중간에 포기할까 하는 마음이 굴뚝같았다. 동기 10여 명과 같이 공부를 했는데 나처럼 못 알아듣는 이는 없어 보여 더욱 기가 죽었다. 이러다 안 되겠다 싶어 동기들 중 가장 똑똑지 못하게 생긴 이를 타깃 삼아 저 친구가 버티면 나도 버틴다는 생각으로 하루하루를 버텼다. 하다 보니 한 명 한 명 포기자가 생겨났다. 하지만 내가 찜한 동료는 어려워하면서도 잘 다녔다. 나는 아무도 가지 않는 길은 나도 못 가지만 누군가가 간다면 나도 갈 수 있다고 생각했다. 참으로 이상한 것이, 다 포기하고 몇 명 안 남은 사람 중에 그 친구가 남아 있어서 골프장 생활에 입문하는 계기가 되었다.

출근하면 준비 과정이 꽤 바빴다. 일을 시작할 수 있도록 카트 세팅을 하고 현관에 고객들이 도착하면 인사를 하고, 고객들의 백을 찾아 카트에 싣고 클럽 체크를 하고 티 오프 30~40분 전에 고객들보다 미리 광장에서 대기를 하고 있다가 고객이 나오면 코스로 이동을 해야 한다. 플레이가 끝나고 나면 고객들을 보내고 각자 맡은 홀에서 고객들이 플레이하면서 파 놓은 잔디를 메꾸는 '디봇' 작업을 했다. 이렇게 시간을 보내다 보면 원 라운드 하는 데 하루 시간이 다 간다. 투 라운드를 하는 날은 새벽부터 나와 종일 바쁘지만 그래도 괜찮은 수입이었다. 하지만 여러 사람을 만나는 직업이라 스트레스가 많았다. 물론 좋은 사람이 훨씬 많지만 진상 손님을 만나면 몇 날 며칠 그 후유증이 오래갔다.

2

캐디 생활은 정말 다양한 사람들을 만나는 직업이다. 누구보다도 많은 사람을 만나다 보니 별의별 일이 다 일어난다.

볼이 뜨기도 전에 "멀리건 멀리건" 하며 동반자를 배려하는(?) 멀리건 맨도 있고, 오비 선 밖으로 한 뼘 정도 벗어난 볼을 옮겨 놓고 치면 된다는 고객도 있고, 어디서 배운 룰인지 일단 찾으면 치면 된다고 생각하는 고객도 있고 스코어는 당연히(?) 줄여서 만든 싱글맨도 많았다.

한번은 규모가 제법 큰 대학 단체 팀을 나간 적이 있었다. 제대로 적으라던 스코어를 경기 끝나고 경기과에 접수하러 가야 하는데 갑자기 네 분이 스코어 수정을 요구하셨다. 당시에는 스마트 스코어가 아니어서 일일이 손으로 쓰고 계산해야 했다.

정리할 것도 많고 빨리 스코어도 제출해야 하는데 계산하기도 어렵게 20타씩 줄여 달라고 하셨다. 20타를 줄인다면 전체적으로 균등하게 줄여야지 어느 한 부분에서 숫자를 줄일 수는 없지 않은가….

경기가 끝나고 캐디들끼리 모여서 얘기를 하다 보니 그 대학 단체 팀 전체가 스코어를 그렇게 고쳤다고 했다. 지금도 심하게 타수를 줄이는 고객을 만나면 나는 "고객님 ○○ 대학 나오셨어요?"라고 한다.

3

70대 회원들의 플레이였는데 천 원짜리 내기였다.

회원 한 분의 볼이 잔디 끝 오비 선 밖에 걸렸다. 캐디는 다른 이들이 보고 계셔서 오비라고 말씀드렸다. 오비가 난 회원은 갑자기 화를 내며 욕을 하기 시작했다. 그 화는 18홀이 끝날 때까지 지속되어 캐디를 힘들게 했다. 캐디들이 현관에서 고객들에게 인사를 하는 골프장이었는데 그 이후로 현관에서 인사를 해도 그녀를 보면 차를 돌려 주차를 하고 백을 스스로 들고 왔다. 그리고는 아는 척도 하지 않았다. 그녀에게 자신의 백을 내리게 하고 싶지 않았던 것이었다.

한참 후에 이 캐디는 골프장을 옮겨 갔다. 그런데 거기서 그 회원과 그 캐디가 만났다. 갑자기 회원이 "송양아, 우리 이제 그만 화해

하자" 하셨다. 예전 골프장은 회원이어서 큰소리를 치고 고개가 뻣뻣했는데 다른 골프장엔 그저 손님이었기 때문이었다. 그렇게 두 사람의 화해는 7년 만에 이루어졌다.

4

 골프장의 캐디는 진행을 위해 있다고 해도 과언이 아니다. 특히나 봄가을에는 해가 짧은 관계로 진행 스트레스가 심하다. 때로는 바빠서 온종일 굶기도 하고 진행 때문에 손님과 다투는 일도 잦다. 그럴 때는 꼭 외국의 여유로운 골프장과 비교하거나 황제 골프를 원하시는 고객들이 있는데 대한민국 어느 골프장에서 그 그린피로 황제 골프를 칠 수가 있겠는가?

 어느 날은 남녀 짝을 지어 나갔는데 여성 고객이 도통 움직이지를 않고 동반자가 볼을 치는 것만 쳐다보고 있었다. 이쪽으로 오시라고 불러도 보고 치시라고 아무리 얘기를 해도 옴짝달싹하지 않았다. 거리를 불러 줘도 클럽을 얘기하지 않고 듣는 척도 안 했다. 그냥 클럽 하나 들고 서서 다른 남성 고객이 볼을 치는 것만 쳐다보고 있었다. 나중에는 팔을 끌어당겨 볼 앞으로 이동시켜 드려도 도통 눈치가 없었다.

 어느 날은 전반에서 후반으로 넘어가는 9번 홀에서 마샬이 진행을 보고 있었다. 그런데 고객님이 하필 8번 파 3 숏홀에서 멀리건을 쓰겠다고 하더니 두 분이 멀리건을 썼다. 마샬 덕에(?) 앞팀이 세 컷을 지나가는 게 보였다. 조금 서두르고 쫓아가면 되겠거니 했는데 무슨 머피의 법칙인지 벙커에서 왔다 갔다 하다가 결국 멀리건의 효과도 없이 트리플을 하고 홀 아웃이 늦어진 상태로 다음 홀 티 샷을 해야 했다.

"죄송한데 이 홀만 조금 서둘러 진행하겠습니다"라고 부탁을 했더니 다들 말이 없었다. 서로 본인들끼리 "우리가 늦어?"라는 정말 말도 안 되는 대화를 하고 있었다.

화장실만 들러 나오시라는데 한 여성분이 그 와중에 로커를 향했다. 그 뒤에 대고 "고객님 조금 서둘러 주세요"라고 했는데 듣는 척도 안 하고 여유롭게 계단을 올라갔다. 역시나 기다려도 내려올 줄을 모른다. 경기과에서 마스터가 나와 모셔다드릴 테니 티로 이동하라고 해서 다른 고객들을 모시고 티로 이동해서 티 샷을 하려고 준비하는데, 그 여성 고객이 진행 카트를 타고 도착했다. 도착하고 보니 그 여성분 표정이 좋지 않은 게 확연히 느껴졌다.

이미 앞팀은 보이지 않았고, 서둘러 티 샷을 했다. 그러나 볼이 맞을 리 없었다.

후반 두 번째 홀로 이동했을 때도 앞팀은 없었다. 고객들의 표정에서 심각한 상황임을 읽을 수 있었다. 나는 굳이 말하지 않았다. 그 중에 다른 여성분이 말하길 "저 여성분이 참 착한데 진행 때문에 서둘러 짜증이 났다"라고 얘기했다. 나는 지금은 죄송하지만 어쩔 수 없으니 이해해 달라 말하고 이 계절은 해가 짧아 캐디들도 힘든 시기라고 말씀드렸다.

잠시 후에 성격이 순해 보이는 남성분이 카트에 혼자 타시길래 이동하면서 "지금은 진행이 힘든 시기여서 캐디들도 부담스럽다고 지금의 상황을 이해해 달라"라고 재차 얘기했지만 역시 아무 얘기가 없다.

후반 세 번째 파 3 숏홀에 가서야 기다리고 있는 앞팀을 만났다. 하지만 한번 어긋난 마음은 아무리 잘해도 회복이 어렵기만 했다.

결국 힘든 플레이를 겨우 이끌어 가며 마지막 18번 티에서 하루는 힘들었어도 기분 좋게 헤어지고 싶은 마음에 "진행 때문에 힘드셨을 텐데 협조해 주셔서 무사히 마칩니다"라고 감사를 전했다. 그런데 까칠한 남성분이 "아와 어는 다르다", "마지막 한 홀만 빨리 가자더니 왜 후반에도 두 홀을 서두르냐"라면서 이렇게 플레이하는 경우는 처음이란다. 앞팀이 안 보이면 우리가 진행이 늦는 거고 빨리 쫓아가는 게 맞는데 마지막 홀만이라니… 이 무슨 이해할 수 없는 말인가?

나는 다시 한번 늦가을의 진행은 해가 짧아 어쩔 수가 없다고 말했다. 그러자 나보다 한참 어린 까칠한 여성분이 "언니 지금 뭐 하자는 거야? 그냥 죄송합니다, 하면 될 걸 지금 싸우자는 거야?" 하며 큰 소리를 냈다.

나는 그 말에 짜증이 확 올라왔다. 이건 어떻게 봐도 갑질이었다. 본인은 기분 나쁘다고 말해도 문제가 없고 나는 잘못하지도 않았는데 진행 때문에 서두른 게 내 잘못이라며 죄송하다고 그냥 숙이라는 반응이 아닌가? 불쾌하기 짝이 없는 반응에 화가 났지만 싸우기도 싫고 마지막 홀만 끝나면 되니 '참자' 하고 입을 다물었다.

친절하지 못했다든지, 표정을 찡그렸다든지, 일을 안 했다든지, 그런 것도 아니고 본인들의 진행이 느려서 골프장의 속도와 맞춰 나가지 못한 것이 캐디와 말다툼할 일인가? 그것도 좋은 억양으로 조심스레 이해를 구하고 있는데⋯.

내가 무슨 큰 잘못이나 한 듯하지만 그게 어디 캐디 탓인가⋯. 진행이 느린 팀은 빠른 진행을 돕는 게 캐디의 일 아닌가? 왜 하나같이 진행이 느린 팀은 자신들의 플레이 속도가 느리다는 것을 알지 못하는지 모르겠다. 그들은 한결같이 본인들이 빠르다고 생각한다.

그렇게 맘대로 치고 싶으면 자기가 골프장 사장이 되든지 아니면 자기 집 뒷동산에 가서 혼자 치든지⋯.

거리가 안 맞아서 또는 라이가 안 맞아서, 오비 난 볼을 못 찾아서 등 이런 이유로 일방적으로 무시당하는 건 도통 상식 이하라는 생각이 든다.

부시넬로 찍는다고 그 거리를 정확하게 치는 사람도 별로 없고, 라이가 맘에 안 들면 정확히 본인 눈에 맞게 본인이 직접 놓으면 되는 거고⋯ 넓은 페어웨이 놔두고 한 움큼도 안 되는 크기의 볼을 숲으로 보내 놓고 볼을 못 찾는다고 구박이라니⋯.

난 코스를 보고 좁다고 하는 고객을 보면 그 작은 골프공을 도대체 어디다 보내려고 좁다고 하는지 모르겠다. 그 정도면 나가지 않도록 정확한 실력을 본인이 키워야 하는 게 아닌가 싶다.

진행이 빠르면 나간 볼도 한 번 더 봐줄 수 있고 멀리건도 자유롭게 줄 수 있다. 하지만 앞팀이 없는데도 느린 고객은 유독 그 볼을 찾으러 온 산을 헤매고 나타나질 않는다. 동반자는 그냥 놓고 치라고 소리를 지르고 캐디는 속이 탄다. 고객은 혼자 볼을 찾다 같이 안 찾아 준다고 결국 화를 낸다.

  진행이 늦는데 캐디까지 볼을 찾으러 가면 어떻게 하겠다는 건지….

  어떤 날은 단체 팀이었는데 어찌나 신중하게 볼을 치는지 앞팀을 따라갈 수가 없었다. 무전에서는 빨리 가라고 재촉을 하고 볼은 계속 앞으로 나가지 않고 옆으로 새는데, 그 볼을 찾느라 뒷팀이 기다리는 게 보여도 전진을 하지 못하고 있었다. 거리를 봤을 때는 물에 빠진 게 확실하지만 그걸 눈으로 건져 확인하지 못하니 그는 계속 볼을 찾느라 다른 이들이 그린에서 오라고 소리 지르는 것을 신경 쓰지 않았다. 결국 그린에서 서브하는 내게 화살이 되어 쏟아져 왔다. 캐디가 볼도 안 찾아 준다는 것이었다. 그래서 앞팀을 따라잡았을 때 볼을 찾아다 주었는데, 아까는 안 찾아 주더니 이번에는 찾아 준다고 빈정댔다.

  캐디도 찾아 줄 수 있을 때가 있고 찾으러 가면 안 되는 때가 있다. 진행이 안 되는데 캐디까지 볼 찾는 데 시간을 잡아먹으면 나머지 동반자들은 진행이 되겠는가.

  난 사실 모든 이들에게 한결같았는데 때때로 그들은 나에 대해 천사같이 착하다고 하기도 하고 불성실한 사람 취급을 하기도 하며, 유쾌하고 재밌다고 인생 최고의 날로 꼽는가 하면 최악의 날로 꼽기도 한다. 사람마다 그날그날 컨디션이 다르기도 하지만 고객들의 평은 극과 극을 넘나든다.

무학 대사의 "돼지 눈에는 돼지로 보이고 부처 눈에는 부처로 보인다"라는 말이 맞는 것인지….

나는 매번 같은 모습이다. 컨디션이야 조금씩 다를 수 있지만 내가 다른 사람을 보는 편견이나 마음가짐에 큰 차이가 있지 않다.

어느 날은 풀숲이나 깊은 골짜기의 낙엽 속으로 들어간 볼을 하나도 놓치지 않고 찾아와서 나 같은 캐디를 본 적이 없다고 칭찬을 듣기도 하고, 어느 날은 풀숲에 걸린 걸 보고 갔는데도 못 찾고 돌아오기도 하며 하다못해 페어웨이 한가운데 있는 볼도 못 찾아 볼도 안 봐주는 캐디가 되기도 한다.

5

P와는 세 번의 경기를 같이 했다.

첫 번째는 회사 직원들과 거래처 직원들과 동행했는데 그들이 내 칭찬을 엄청 많이 해서 P는 너무 고마워하고 만족했고 난 그에게 감사했다.

얼마 후 두 번째 경기를 하게 되었는데 첫 번째 때 너무 좋다 보니 두 번째에도 시작부터 좋은 캐디를 만나서 좋다고 기대를 잔뜩 하셨다. 하지만 첫 번째만큼 만족스럽지는 못한 분위기로 끝났다.

세 번째 경기를 나가게 되었을 때는 몇 가지 주의를 듣기도 했다. 캐디가 분위기를 이끌지 말 것이며 쓸데없는 잡담을 하지 말라는…. 그러면서 나와 동반자들에게 지난번 나갔던 내 동료 흉을 보았다.

그러다 경기 도중 동반자 볼이 너무 잘 가서 금일재현불가타한 볼을 치셨다고 칭찬했다. 그런데 그때부터 타박을 하기 시작하며 나를 최고로 못된 캐디 취급을 하고 면박을 주었다. 이상한 분위기에서 나도 기분만 상한 하루를 보냈다.

며칠 후 캐디 대기실에서 P와 함께한 동료가 P가 내 흉을 보더라고 했다.

서비스직이 웃는 이유는
80% : 어처구니가 없어서
19% : 웃지 않고는 견딜 수가 없어서
1% : 곧 퇴근이라서

이런 글이 있다.

그래도 골프 구력이 좀 되시는 분들은 계절에 따라, 시간에 따라 진행을 해야 한다는 사실을 이해하시고 도와주는 분들이 있어 감사하다. 눈치껏 볼을 먼저 쳐 주기도 하시고 가만 서 있는 눈치 없는 동반자 재촉도 해 주신다. 뭐 매우 흔한 일이기도 하지만….

6

최근엔 젊은 40대 남성 고객 네 분이 볼을 치는데 늦게 나오고, 앞팀이 출발했는데 스트레칭을 하며 늑장을 부렸다. 도통 뭐라고 하는지 본인들끼리 얘기꽃을 피우더니 티 샷을 들어갔다. 첫 번째 고객이 티 샷을 끝내자 두 번째 고객이 스윙을 두 번 했고 돌아서서 한 사람 한 사람에게 구십 도로 정중히 즐거운 골프 시간 되시라며 세 번 인사를 했다. 앞팀은 이미 써드 지점을 통과하고 있었다.

속이 탔지만 첫 홀부터 어긋나고 싶지도 않고, 젊은 사람들이니 곧 따라가겠지 하는 마음으로 기다렸다. 파 5 롱홀인데 앞팀이 그린에 가고 나서야 우리는 티 샷이 끝났다.

우리가 세컨 지점에 도착했을 때는 앞팀은 마지막 퍼팅을 하고 홀아웃 하고 있었다.

두 번째 홀에 섰을 때는 이미 앞팀이 그린 플레이를 하고 있었다. 당연히 티 샷이 끝났을 때 앞팀은 3번 홀로 이동 중이었다.

한 사람이 친 볼이 카트 길 근처로 떨어져서 이동하시겠거니 생각했는데 전혀 상관도 없는 다른 사람 볼 위치로 이동해서 다른 동반자 주변에 옹기종기 모여 그 볼을 지켜보고 있었다. 그렇다고 그분이 볼을 바로 치는 것도 아니고….

난 먼저 치신 고객의 이름을 정확히 불렀다. "○○ 고객님 카트로 이동해 주세요"라고…. 한 번 쳐다보더니 오르막 110m를 천천히 걸어서 이동했다.

먼저 치나 늦게 치나 네 명의 걸음은 똑같았다. 세 번째 파 3 숏홀에 도착했을 때 이미 앞팀은 사라지고 없었다. 그러면서도 서두르면 "나는 볼이 안 맞는다"라고 했다. 정말 아주 늦은 것도 아니고 반 템포는 조금만 노력하고 협조하면 따라갈 수 있다.

앞팀이 그린에 가면 아무리 늦어도 우리는 티 샷은 끝나야 하지만 앞팀이 아웃을 해도 우리는 티 샷이 끝나질 않았다. 뒷팀은 우리를 기다리고 있는데 우리가 앞팀을 따라가지 못하니 늦어지는 것이 분명했다. 5번 홀에 가니 두 분이 화장실에 가겠다고 해서 "화장실 두 분 가시고 안 가시는 고객님들은 이동해서 티 샷 하겠습니다" 했다. 그러자 모두 카트에서 내리고 두 사람은 화장실로 이동하고 두 사람은 천천히 산책을 하며 걸어오셨다.

나는 걸어오는 고객을 향해 "이동을 조금만 빨리 해 주세요" 하니 우리가 뭐가 늦냐며 서두르지 말라고 그러면 볼을 더 안 칠 거라고 한다.

우리가 멀리건을 치는 것도 아니고 볼을 찾으러 다니는 것도 아닌데 왜 서두르냐고….

내 말이 그 말이다. 우리가 멀리건을 치는 것도 아니고 볼을 찾으러 다니는 것도 아닌데 홀을 비우고 다니는 게 웬 말인가….

이러면서 멀리건을 칠 수나 있겠는가, 볼을 찾으러 갈 수나 있겠는가.

그 사이에 앞팀은 그린을 아웃했다. 우리가 홀을 비우고 있는 걸 모른단 말인가….

그러고 있는데 화장실 다녀오신 고객 두 분이 무슨 일이냐며 참견을 했다. 그들은 우리한테 재촉한다며 또 볼멘소리를 했다.

도대체 골프를 어디서 배워 온 것인가. 저들을 가르친 첫 동반자는 도대체 어떻게 교육을 시킨 것인가.

어이없는 것은 비기너가 두 분 있었는데 진행이 느린 그 두 분을 그대로 따라 하느라 꼼짝도 안 했다. 후반에 밀려 가기 시작했는데 우리가 그린 플레이를 하고 있을 때 앞팀이 파 3 숏홀에서 기다리고 있었다. 그 앞팀을 기다리는 것이 보이면 우리가 늦는 게 아니라고 되려 소리쳤고, 더블파를 기록한 사람들더러 연습하라고 기회를 주기도 했다. 뒷팀이 세컨 자리에서 기다리는데도 치라고 기회 아닌 기회를 주기도 했으며, 뒷팀이 기다리면 그들이 빠른 것이니 그냥 치라고 또 기회를 주었다.

  이 두 비기너가 꼭 이 두 사람과만 볼을 치는 것이 아니라면 다른 동반자를 만났을 때 분명 기분 상하는 일을 겪을 수도 있다. 참 매너 없다.

  그들의 올 한 해 계획은 안 가 본 골프장을 다녀 보는 것이라 했다. 다시는 이 골프장을 오지 않을 것으로 예상하면 참으로 다행한 (?) 일이었다.

7

  캐디를 동반자의 한 사람으로 대하는 사람도 있고 하녀 부리듯 대하는 갑질쟁이도 있다.

  볼 마크도 할 줄 몰라 가만히 서 있는 고객도 있고 어떤 것으로 쳐도 상관없는 50미터 거리를 피칭, 샌드, 에이를 다 쓰는 여성 고객도 있다.

  그린에서 볼을 주워 옆에 캐디에게 건네면 될 것을 캐디 발 앞에 툭 집어 던지는 고객도 있고, 그린에서 몇 미터 치냐고 습관적으로 노래를 부르는 고객도 있다.

  30미터 세게 치시라고 해도 겨우 5미터 남짓 보내고 또 몇 미터 치냐고 묻는다. 자신의 스코어를 셀 줄 모르는 고객도 많은데 네 명의 스코어를 보는 캐디가 실수하면 스코어도 못 센다고 핀잔을 주는가 하면 본인도 알고 동반자도 아는 스코어를 속이다가 캐디가 알려주면 화를 내는 고객도 있다.

한번은 단체 팀이었는데, L은 파 3 숏홀에서 왔다 갔다 하다가 트리플을 기록했음에도 "나 더블!" 하면서 볼을 집었다.

옆에 동반자가 나에게 조용히 오시며 "저분 트리플 아니야?"라고 하셔서 "네, 트리플 맞아요"라고 수군거렸다. 홀 아웃 하면서 L은 또다시 "더블이네" 하며 벗어났다. 동반자는 나에게 말을 하라는 눈치를 보냈다.

나는 다음 티에 가서 조용히 "고객님 트리플이세요"라고 했더니 그때부터 "××년" 하며 욕을 내뱉었다.

처음엔 장난을 심하게 치는 줄 알았는데 그는 흥분해서 더 험한 욕을 했다. 나는 "지금 저한테 욕하신 거예요?"라며 되물었다.

"그래 욕했다. ××년. 네년은 ××년이야."

나는 어이가 없었다. 눈치를 보던 동반자들이 내 어깨를 조용히 두드리며 "저 양반 원래 저래. 그냥 그러려니 해."라며 달랬다. 한참 플레이하다 카트에 둘이 타게 됐는데 미안했는지 아무 말이 없다.

그 후로도 그 단체 팀 L의 플레이를 나간 캐디 얘기를 들어 보면 팀 분위기를 망치고 자기 마음대로 한다는 얘기를 들은 적이 많다.

가끔 자신의 스코어를 착각할 수는 있지만 L은 착각한 게 아니었다.

"××년 우리 단체 팀에 나오지 말라고 경기과에 얘기할 거야!"

난 L의 이름을 기억하고 그 팀엔 두 번 다시 나가지 않았다.

새로운 시작

아직도 몇몇 고객들은 컴플레인으로 캐디를 협박하지만 사실 경기과도 많이 변했고, 변해 가는 추세이다. 컴플레인은 캐디의 이직률이 높은 이유 중 하나이다. 그래서 요즘은 옛날처럼 경기과가 일방적으로 고객의 편을 들지 않는다.

이건 내 고객을 상대로 한 지극히 개인적인 통계이기는 하지만 D 도시에 사는 고객들은 다른 지역보다 유난스럽게 예의가 바르다.

하다못해 친구들 사이에서도 너무 깍듯한 매너를 지키는 걸 본 적이 있다. 하지만 잘 지내다가 트리플이나 더블파를 하면 숨겨진 발톱을 드러내듯 꼭 캐디에게 핑곗거리를 찾아 화풀이를 하곤 했다.

난 나만 느끼는 건가 하여 동료들에게 물었더니 그 지역에 사는 캐디조차도 그 지역 고객이 그렇다고 답했다. 무엇보다 그들은 인상이나 차림새나 행동에서 표시가 난다는 것이다. 난 그 지역의 86년생에게 심하게 데인 적이 있어 선입견이 있는데 한 번에 알아볼 수 있을 정도로 모두가 비슷하게 느끼는 것이 신기할 정도였다.

어느 날 그들과 동반을 했는데 첫 홀에서부터 난 그들이 그 지역 86년생이라는 것을 느꼈다. 그리고 확인 작업을 시작했다. 난 조심스레 "D 지역에서 오셨어요?"라고 물었더니 가장 건들대는 고객이 "어떻게 알았어?" 하며 반말을 시작했다. "혹시 86년생이세요?" 했더니 "이 언니 신기가 있다"라며 "D 지역에 86년생 아는 사람 있냐"라고 오히려 나를 조심하는 눈치였다.

곧 플레이 도중 그들 특유의 행동이 드러났다. 내가 "고객님이 마시는 물은 우리가 마시는 물과 다른가 봐요" 했더니 동반자 중 한 분이 "삼다수를 마신다"라고 대답했다.

반면에 경상도 고객들은 성격도 활달하고 유머 감각이 뛰어나다. 또한 우리가 일반적으로 알고 있듯이 경상도 남성들은 조용하지 않다. 다른 지역 사람보다 훨씬 시끄러워 귀에서 피가 날 지경이다. 누가 경상도 남성이 말이 없다고 했는지…. 그 얘기를 했더니 그들은 집에서만 말이 없다고 했다.

오래전 그 지역에서 근무했을 때 하루는 그들이 나인 추가를 제안하셔서 27홀을 진행했는데 이미 해가 기울고 있었다. 그들은 경기팀장과 친했는데 연락을 해서 나인 추가를 더 하고 싶다고 제안했다. 경기팀장은 날이 어두워지고 있어서 더 이상의 나인 추가는 어렵다고 하셨지만, 그들은 라이트를 켜기 전에 들어오겠다고 했다. 만일 어두워지면 나인을 다 돌지 않아도 그냥 철수하기로 약속하고 플레이를 이어 갔다.

반쯤 갔을 때 이미 어두워서 보이지도 않았다. 하지만 그들은 나와 상관없이 자신들끼리 신나 있었다. 경기팀에서는 복귀하라고 무전이 오는데도 손님들은 경기팀장과 전화를 하며 모든 홀을 다 치고 들어왔다. 마지막 팀이 들어오지 않으니 아무도 퇴근을 못 하고 있었다. 나도 힘든 하루였지만 그들이 그날 내게 준 오버피가 캐디피 못지않게 많았다.

또 경상도 남성들은 흥분도 곧잘 하는 것 같다. 윗지방은 기분이 나빠도 잘 참다가 도저히 못 참을 것 같으면 싸우고 서로 얼굴을 보지 않는다.

어느 날은 젊은 남성 고객들이 내기를 하다가 결국 큰소리가 오가고 싸움으로 번졌다.

"다 짐 싸. 그만 쳐. 그만 접어." 하길래 '하… 큰일이구나' 하며 생각했다. 그런데 그들은 가방 정리를 다 하고 "다음에는 우리 싸우지 말고 치자" 하더니 금방 또 서로 어깨를 두드리며 화해하고 돌아갔다.

경상도 특유의 스타일이 잘 밴 일화다.

어느 골프장은 캐디들에게 강제로 고객들의 커피를 종류별로 준비하라고 시키는 곳도 있다.

나도 그곳에서 교육받다가 그 얘기를 듣고 입사를 거부하고 나왔다. 골프장이 무슨 찻집도 아니고 종류별로 준비라니…. 친절과 밝은 미소의 서비스를 요구하는 것도 아니고….

고객들도 당연한 줄 알아서 그곳에서 다른 지역을 방문하면 "커피 없어? 여긴 커피 안 주나?" 했다.

당연한 것은 없다. 감사함만 있을 뿐이다.

캐디가 고객의 오버피에 감사하듯 고객들도 캐디의 모든 작은 물품에도 감사할 줄 알아야 한다.

회사에서 막 나눠 주는 물품인 줄 알고 손만 내미는 얄미운 고객도 있지만 작은 차 하나까지도 캐디들이 준비하는 것이다.

어느 날은 홀인원을 했는데 오만 원을 주시며 이만 원을 거슬러 달라시더니, 카트에 있는 캐릭터 자석 집게까지 "홀인원을 했는데 안 주냐"라며 알뜰히 챙겨 가셨다.

사차원인 동료가 있었다. 고객이 홀인원을 하니 너무 흥분해서 기쁜 마음으로 캐디가 오만 원짜리를 드리며 축하한다고 "고객님 쓰세요"라고 했다.

경기가 끝나고 그 고객은 그 캐디에게 컴플레인을 걸었다. 캐디가 고객에게 돈을 준 것이 기분 나빴다고….

그래서 나는 이 일에 대한 의견을 몇몇 다른 고객에게 물어봤다.

그 친구가 사차원인 건 맞지만 나쁜 의도가 아니었기 때문에 그게 고객의 입장에서 기분 나쁜 일인가 싶었다.

99%의 의견은 나 같으면 그걸 기분 좋게 받아서 고객의 돈을 보태 주겠다는 의견이 있었지만 1%는 기분 나빴을 수 있다고 했다.

100% 사람의 마음에 드는 것은 참으로 어려운 일이다. 결국 그 동료는 1주일간 근신했다. 이 정도면 골프장도 이상한 듯하다.

8

40대의 한 덩치 하는 고객들이 볼을 치다가 한 사람의 볼이 바위 위에 올라앉았다. 하지만 드롭을 해 주지 않고 그냥 거기서 치라고 했다.

볼 주인은 거기서 그냥 치라고 한 친구의 클럽을 빼더니 그 클럽으로 바위 위의 볼을 쳐 버렸다.

물론 클럽은 부러졌다. 모두들 어이없어하였지만 누구도 뭐라고 하지 않았다. 경기도 고객이었다.

스코어를 똑바로 정직하게 적어 달라고 말씀하시는 고객들이 있는데 내가 오랫동안 캐디 생활하면서 정말 정직한 스코어는 손가락으로 셀 수 있을 정도뿐이었다.

오비 나면 멀리건 치고 해저드 망에 걸리면 드롭 해서 치고 더블파를 하면 이 홀만 더블로 적어 달라고 하고···.

첫 홀이 파 5 롱홀인데 — 분명 똑바로 다 적어 달라고 했었는데도 — 세 명이 더블파를 하고 한 명이 트리플을 하자 그린 아웃 하면서 "첫 홀이니까 이 홀만 올 파!"라고 외쳤다.

이런··· 난 이 점수를 계산하느라 정신을 얼마나 집중했는데···.

"우리나라 스코어는 다 캐디의 작품이다"라는 말이 있다.

초보가 80타를 칠 수 있는 것은

첫째 골퍼의 비양심

둘째 동반자의 무관심

셋째 캐디의 친절함에서 나오는 것이다.

더블파를 기록한 고객은 화를 낼 이유가 없다. 그건 오케이를 주지 않은 동반자의 잘못이기 때문이다.

9

어느 날은 외국인 고객을 접대하는 자리였다. 그 외국인은 정직한 스코어를 원했지만 옆에 한국인들이 본인 스코어뿐만 아니라 외국인의 스코어까지 '파' 적어라 '보기' 적어라 요구를 했다. 나중에 그 외국인이 "이건 다 거짓"이라고 말했을 때 난 많이 부끄러웠다.

핸디를 달라고 조르는 고객도 있고 핸디를 받으면 자존심 상해하는 고객도 있으며 본인이 핸디를 막 나눠 주고 그걸 못 찾아 당황하는 고객도 있다.

내가 살다 살다 이해하지 못한 세 가지가 있는데

첫 번째는 취하겠다고 마신 술을 깨겠다고 숙취 해소 약을 사 먹는 사람이고,

두 번째는 담배가 그렇게 나쁘다고 광고를 하는데도 자기 돈 주고 피웠으면서 죽을 때 되어서 담배 인삼 공사를 고발하는 사람이며,

마지막으로 세 번째는 내 시간과 돈과 노력으로 내 핸디를 낮춰 놓고 다른 이들에게 내기 돈을 나눠 주고, 내 핸디 찾겠다고 여름 땡볕에 뛰어다니는 고객들이다.

내기라는 것은 원래 남의 돈 따먹자고 하는 거 아닌가? 내 돈 내가 따먹으려고 공들일 필요가 무엇인가?

어떤 분은 미끼를 던진다고 말씀하셨지만 미끼도 적당히 던져야지, 자신의 실력을 과대평가하거나 동반자의 실력을 과소평가하고… 잘 모르는 듯하다.

폼에도 두 종류가 있다.

연습할 때의 아름다운 폼과 실전에서의 엉터리 폼이 그것이다. 그나마 그것도 고칠 수 있는 젊음이 있을 때 이야기다. 연세 드신 분들은 정말 그야말로 다양한 폼이 나온다. 클럽을 하늘에서 빙빙 돌리

는 고객도 있고 — 아마 클럽에 힘을 더하느라 그런 모양이다 — 가만있는 땅을 열두 번씩 두들기다 못해 문지르기에 칼질까지 한다.

옆에서 그걸 지켜보는 입장에서 웃기기도 하지만 진행 때문에 속이 타들어 간다.

58살 총각이 손잡이를 빙글빙글 돌리고 볼을 치지 않자 속이 타들어 가던 캐디가 보다 못해 "지금 뭐 하시는 거예요!" 했다. 동반자들은 습관이라 못 고친다고 놀렸다. 이분은 올해 이 골프장에 연부킹까지 하셨다고 했다.

어느 캐디가 걸리든 보통 일이 아니다.

한 고객이 주변에 이모를 소개해 주면 조금 빨라질 수도 있다고 농담을 하자 캐디가 소개해 줄 테니 제발 빨리 좀 치시라며 볼멘소리를 했다.

전반이 끝나고 그 캐디는 나를 찾아와 제발 언니가 한 번만 만나 주라고 사정을 했다. 이대로 두면 연부킹에 우리 다 죽게 생겼다고….

정말 기억에 남는 고객 중 한 분은 64세였는데 땅을 네 번 툭툭 치고 잔디를 열두 번 문지르는 분이었다. 도대체 할아버지처럼 왜 그러시냐고 말씀을 드렸더니 홀마다 노력하셔서 줄이고 줄여 마지막엔 고치셨다.

당연히 거기에 신경을 쓰니 볼이 맞을 리가 없는데 끊임없이 그날 경기 중에 자신의 버릇을 고치셨다. 할아버지라는 말이 몹시도 충격

적이셨나 보다.

　너무도 대단하신 분이다. 나중에는 고치려고 애쓰시는 모습도 아름답고 존경심까지 들었다.

초보

누구나 무슨 일을 시작하는 초보의 시기가 있다.

골프에서의 초보는 각 개인의 타고난 성향도 중요하지만 동반자들의 역할이 매우 중요하게 작용한다.

각 개인의 골프 매너는 볼을 치고 실력이 늘고 룰을 알아 가면서도 형성이 되기도 하지만 처음 동반자에게 배운 매너가 습관이 되기도 한다.

동료 세 분이 비기너를 챙기셨다. 나이가 40대 초중반임을 감안하더라도 이들은 나무늘보 같았다. 어쩜 네 분 모두 아주 천천히 움직였다. 사람은 좋은데 그냥 행동이 슬로 모션 보는 듯했다. 걷는 것도, 티 샷을 하는 것도, 카트를 타고 내리는 것도 어쩜 그렇게 느릴 수가 있는지 모르겠다. 그러다가 샷을 할 때가 되면 모두들 미어캣이 되어 다른 동반자의 볼 치는 것만 목을 빼고 바라본다.

1

캐디들은 손님이 나오기 전에 카트에 백을 싣고 미리 광장에 나와 대기함으로 손님을 맞는다. 여러 대의 카트가 대기하고 있고 손님들도 다 제각각 본인의 백이 실려 있는 카트를 찾아오신다.

어느 날 내 카트 옆으로 쇼핑백을 들고 젊은 남성분이 오시더니 뒤쪽에서 옷을 주섬주섬 벗기 시작했다. 나뿐만 아니라 몇몇 캐디들도 보고 있었지만 서로 눈빛만 주고받고 순식간에 눈앞에서 벌어지고 있는 광경을 말리는 이는 아무도 없었다.

잠시 후 쇼핑백에서 양 사이드로 흰색의 두 줄이 선명한 새빨간 색의 트레이닝복을 꺼내더니 갈아입고 있었다. 그리고 벗은 옷을 챙겨 쇼핑백에 넣고 카트에 실어 두고 옆에 서 있었다.

사방에서 그를 쳐다보는 곁눈이 많았지만 정작 본인은 아무렇지도 않은 모양새다.

나는 다가가서 조용히 인사를 건넸다.

"안녕하십니까, 고객님."

"네."

"고객님 혹시 몇 시 팀이세요?"

"이 차 맞아요."

"이 카트 맞으세요?"

"네."

"저~ 어떤 백이세요?"

"이거요. 이게 제 거예요."

"네, 근데 왜 옷을 여기서 갈아입으신 거예요? 동반자분들은 안 나오세요?"

"친구들이랑 같이 왔는데 다들 어디 갔는지 모르겠어요. 내 백이 여기 있어서 내 백 보고 온 거예요."

"근데 왜 옷을 트레이닝복으로 입으신 거예요?"

"친구들한테 어제 뭐 입고 가냐고 물어보니 아무거나 편한 걸로 입고 오래서요."

같이 온 동반자가 챙기지 못해서 한눈판 사이에 동반자를 놓치고 본인의 백이 실려 있으니 그곳에서 옷을 혼자 갈아입은 것이다. 아마도 옷을 갈아입는 로커 룸이 있는 사실을 이분은 모르셨던 모양이었다.

한참 후 동반자들과의 재회에 "너희 어디 갔다 왔어?"라고 볼멘소리로 어색함을 달래고 코스로 이동하였다.

2

그는 40대 초중반으로 친구들과 첫 라운딩을 하고 있었다. 친구들이 세세히 가르쳐 주었지만 각자 진행의 흐름이 끊기지 않게 플레이를 이어 가느라 바빴다. 그래도 곧잘 치면서 이리저리 열심히 뛰어다니고 친구들의 충고를 하나씩 새겨 가며 배우고 있었다. 그러다 두 번째 홀 그린 앞 벙커에 볼이 들어갔다.

친구들은 꺼내 놓고 치라 혹은 한번 쳐 보라 말이 많았다. 나는 샌드 웨지를 건네주며 클럽으로 볼 뒤 5cm 모래를 파라고 말씀드렸다. 동반자들은 친구의 첫 벙커 실력을 보기 위해 주변으로 몰려와서 구경을 하고 있었다.

헉! 이게 웬일인가? 구경하던 우리는 모두 깜짝 놀라서 무슨 일인가 하다가 곧 눈치를 채고 빵 터졌다.

　그 고객은 정말로 클럽 헤드 부분으로 모래를 파고 있었다. 본인만 심각하고 구경꾼들은 그야말로 황당한 상황에 처음에는 '뭐 하는 거지?' 하다가 웃음보가 터진 것이다. 그중 한 고객이 "너 뭐하냐?" 하고 나서야 유쾌한 벙커 샷이 끝이 났다.

　한 10년쯤 지난 이야기니 그분도 이제는 선수가 다 되셨으리라….

3

 오래전에는 볼을 치는 것이 일부 부자들의 사치스러운 특권이었고 빈 티를 잡는 것이 쉽지 않아 초보들은 많은 연습 후에 필드에 어렵게 나오는 경우가 많았다.

 하지만 요즘은 골프가 모든 이들에게 대중화되어 있고 골프장도 많아 골프인들이 쉽게 접근할 수 있다. 연습장도 많고 스크린 골프장도 많아 연습도 재미있고 쉽게 다가갈 수 있게 되어 같이 놀다가 "야 가자! 빈 티 있나 전화해 봐" 해서 순식간에 티를 잡아 번개 모임을 갖기도 한다.

 이분도 스크린에서 놀다가 얼떨결에 친구 따라 골프장에 입문하신 분이다.

 첫 티에서 순서대로 볼을 치고 본인의 순서가 되었는데 가만히 쳐다만 보고 계셨다.

 "왜 안 치세요? 치셔도 좋습니다"라고 말씀드렸더니 그제야 볼이 없다고 하셨다.

 처음에는 볼이 없다는 말을 이해하지 못해서 "볼이 없다고요?"라고 되물었는데 정말 볼이 없다고 말씀하셔서 내가 가방에서 빼 드리려고, "볼이 어딨는데요?"라고 여쭸더니 볼을 안 가져오셨다고 했다. "볼을 안 가져오셨다고요? 왜 안 가져오셨는데요?" 했더니 잔디에서 볼이 나오는 줄 아셨다고 말씀하셨다.

 결국 한바탕 웃고 동료들이 볼을 하나씩 거둬 주고 나머지는 주워 가며 플레이가 마무리되었다.

4

40대 초반의 이분은 광장에 나오실 때 종이 가방에 무언가를 담아 들고 오셨다. 나는 간식 같은 걸로 생각하고 크게 눈여겨보지 않았다.

동반자들이 볼을 치다가 우연히 한 분이 "이건 뭐냐?" 하며 들추었는데 거기에는 웬 옷이 여러 벌 들어 있었다.

"네가 어젯밤에 티 몇 개 챙기래서 집에 있는 거 챙겨 왔지!"

"뭐?"

첫 라운드라고 친구분이 이것저것 알려 주고 간밤에 전화해서 또 확인을 하셨다.

"장갑은 있어? 볼도 좀 챙겼어? 골프화는? 아 그리고 너 티는 있어?"

"응 있지."

"그럼 티도 몇 개 챙기고…."

"몇 개나?"

"한 댓 개 챙겨."

이 말을 들은 비기너 고객님은 티셔츠를 다섯 장이나 챙겨 오신 거였다.

우리는 너무 어이없는 상황에 다들 한바탕 웃음으로 즐거운 하루를 보냈다.

5

손님도 초보 시절이 있듯이 캐디들도 초보 시절이 있다.

가끔 초보 캐디가 나왔다고 무시하고 핀잔을 줘서 울고 들어오는 동료들이 있다. 처음 일을 시작하면 떨리기도 하고 설레기도 해서, 긴장을 많이 하다 보면 평소 교육받을 때 잘하던 것도 실수로 이어지고 핀잔을 듣거나 하면 그때부터는 눈치까지 보게 되어 힘든 하루를 보내는 경우가 많다.

나도 초보 시절 스코어 보는 게 어려웠다. 아무리 집중을 해도 이상하게 꼭 한 고객님 스코어만 안 보였다. 그러다 몇 홀이 지나자 초보 티를 들키고 말았다. 한 분이 계속 안 보이던 고객님의 스코어가 뭐냐고 내게 물으셨다. 역시 기억이 나지 않았다. 그러고는 마지막 홀에서 옆 사람이 챙겨 준 오버피를 살며시 빼고 내게 건넸다. 지금은 그럴 수 있었다고 생각하지만 그 후로 난 오랫동안 주눅이 들고 부끄러워 입 밖에 내지도 못했었다.

부부가 와서 남편이 부인을 가르쳐 주고 있었는데 나는 그만 가자는 말을 하지 못해서 앞팀이 멀어져 가는 것을 보며 옆에 서서 속만 태우고 있었다. 한 홀 반을 비우고 나서야 결국 남편이 "그만 가자 언니가 착해서 말을 못한다" 하며 진행했던 생각이 난다. 그날 나는 일이 끝나고 선배들에게 진행을 말아 먹었다며 혼이 났었다. 지금이야 할 수 있는 그 한마디를 왜 못했는지 모르겠다.

어떤 동료는 너무 배가 고파 빵 하나만 먹으면 안 되냐고 손님에게 사정했던 이야기며, 어떤 친구는 번개 치고 폭우가 쏟아지는 날 카트에 와이퍼가 없어 길을 잃고 손님들을 태우고 울던 이야기까지….

오래전에는 그렇지 않았지만 요즘은 초보를 배려하여 친절한 손님으로 선별해서 내보내고 경기팀에서 나와서 특별히 부탁하기도 한다. 고객님들도 조금 더 따뜻하게 대해 주시면 좋겠다.

6

어느 날 첫 출근을 한 캐디가 4홀쯤 돌았을 때 주저앉아 울기 시작했다. 70대 할아버지 고객들이 너무 놀라 당황해서 달래기 시작했지만 한번 터진 울음은 멈추질 않았다.

"얘야 무슨 일이니? 왜 우는 거야? 어디가 아프니? 우리가 뭘 잘못했니?"

한참을 울고 난 캐디는 말했다.

"오늘 제가 처음 일하는데 뭐가 뭔지 모르겠어요. 스코어도 모르겠고 클럽도 어떤 게 누구 건지…."

할아버지 고객님들은 "얘야 아무 걱정 말고 너는 가만있어라. 우리가 다 알아서 할꾸마. 그만 울고 넌 그냥 따라다니기만 하고 구경이나 해라."라며 겨우 진정시키고 그날 셀프 플레이를 하셨다. 미안해하는 동료에게 힘내라고 오버피까지 주고 가셔서 그 동료는 오랜 시간이 지났는데도 그분들의 이야기를 한다.

7

이번에는 나의 초보 시절의 이야기를 하려 한다.

5번 홀 티잉 에어리어에 서서 앞팀 세컨 플레이를 기다리고 있는데 한 고객님이 방금 지나온 그늘집에 가서 아이스크림 5개를 가져오라고 하셨다. 가져올 수는 있지만 돈은 줘야 하잖은가? 나에게 그냥 가서 들고 오라셨다.

"그냥 가져오라고요?"

"응. 그냥 가서 아이스크림 5개 들고 와."

난 이 말이 무슨 얘긴지 이해할 수 없었다. 가게의 물건은 돈을 주고 사오는 게 맞는데 그냥 들고 오라니. 처음엔 농담이려니 생각했는데 고객님은 그냥 가서 아이스크림을 가져오라고 말씀하시고…. "그냥 들고 오라고요?"라는 질문만 다섯 번은 한 것 같다.

난 매우 난감했다. 이런 나를 보고 재차 재촉하셨다.

"얼른 갔다 와."

"돈 안 주고 그냥 가져와요?"

"그냥 아이스크림 통에서 5개 꺼내 오면 돼."

아, 모르겠다. 나는 그늘집으로 가서 아이스크림 다섯 개를 꺼냈다. 누가 볼까 두렵고 그냥 가져가도 되나 싶어 두근두근했다. 꺼내고 있는데 그늘집 이모가 나왔다. 그리고 다행히 먼저 말을 걸어 주셨다.

"몇 시 팀이에요?"

나는 시간을 얘기하고 고객님이 그냥 가져오랬다고 일러바쳤다.

이모는 아무렇지도 않은 듯 가져가라고 하셨다. 난 아이스크림을 먹으면서도 이해하지 못했다.

8

20대의 젊은 K는 머리를 올리는데 잘 맞을 리가 없었다. 칠 때마다 볼이 사방으로 나가거나 앞에 굴러다녔다. 그래도 사람은 좋아 시키는 대로 말은 잘 들었다. "고객님 볼 가지고 가셔서 저 해저드 뒤에 놓고 치세요"라고 볼을 들어다 손에 쥐여 드렸더니 어디냐고 물어서 "저 앞에 빨간 볼 보이시죠? 거기 놓고 치시면 돼요"라고 대답했다.

클럽과 볼을 쥐여 주고 다른 분들 클럽을 챙겨 주고 돌아서는데, 이런…. K는 해저드 특설 티 위에다 볼을 올리고 있다. 나는 이게 무슨 일인가 살펴보았다.

"누나, 여기에 놓고 치라는데 볼이 안 올라가요. 자꾸 떨어지는데 어떡해요?"

"이리 와 보세요."

나는 K의 손을 잡고 끌어다 "여기 옆에서 치면 돼요. 알겠죠?"라고 했다. 잠시 후에 K는 놀란 표정으로

"누나 봤어요? 카트가 자기 혼자 움직였어요."

"예?"

"쟤네는 못 봤고 나만 봤어요. 정말이에요. 귀신에 씌었나 봐요. 누나 봤어요?"

그제야 나는 이해를 하고 "한 번 더 보여드릴까요?"라며 리모컨을 눌렀다.

"잉?"

"21세기 대한민국이에요."

K는 신세계를 본 듯한 표정으로 놀라워했다.

카트가 자동으로 움직이는 걸 처음 본 다른 고객들도 마찬가지다. 여성분들은 꼼짝하지 않고 소리를 지르는 게 대부분이지만 남성들은 매우 적극적으로 뛰어가서 잡거나 카트에서 반사적으로 뛰어내리거나 카트를 붙들어 세우기도 한다. 캐디에게 알리거나 아니면 뛰어올라 이것저것 작동을 시도하기도 한다. 그런 모습을 보면 남성들이 여성보다 적극적인 듯하다.

9

여성 고객과 동반한 40대 남성은 첫 라운딩에 다소 긴장하고 있었다. 떨리는 마음으로 티 샷을 했는데 레이디 티 앞에 떨어졌다. 동료 S는 '에휴. 오늘 또 진행 힘들겠구나…' 하며 빠르게 볼을 치기 좋은 잔디 위로 이동시켜 주었다. 몇 홀을 지나도 그의 볼은 나아질 기미가 보이지 않았다.

"어떻게 해야 잘 칠 수 있을까요? 클럽이 안 맞나요? 자세가 문제인가요?"

그는 조언을 구했지만 흥분도가 높은 S가 화를 내기 시작했다.

"클럽을 바꿔도 소용없고 뭘 해도 소용없어요. 몸뚱이를 바꿔야지 그게 뭘 바꾼들 될 것 같아요? 그만 때려치워요. 에휴⋯."

여성 고객들도 "언니 힘들지?", "좀 잘 쳐라" 하며 그를 구박했다. 첫 라운딩에 그는 너무 서럽고 부끄럽고 자존심도 상했을 것이다. 10년쯤 지난 어느 날 다른 골프장으로 이직한 S는 어느 날 아주 멋진 고객을 만났다. 볼도 너무 잘 치고 폼도 너무 예뻤다.

"어머 어쩜 그리 볼을 멋지게 잘 치세요? 폼도 아주 예쁘시네요."

S가 감탄을 쏟아내자 그가 대답했다.

"내가 이렇게 볼을 잘 치게 된 이유는 처음 만난 캐디 때문이다. 10년 전, 머리 올리던 날 엄청 못된 캐디를 만났는데 어찌나 볼을 못 친다고 구박을 하던지⋯. 나보고 몸뚱이를 바꾸지 않으면 안 된다고 때려치우라고 못되게 구는 캐디가 있었는데 지금껏 만난 캐디 중 그렇게 못된 캐디는 없었다. 그때 내가 포기할까 하다가 한번 될 때까지 해 보자 하고 죽기 살기로 연습했지."

그 말을 들은 S는 갑자기 10년 전쯤의 한 장면이 떠올랐다.

"어느 골프장에서 머리 올리셨어요?"

"G 골프장."

헉! 그 사람이었다.

"그때 저였는데⋯."

서로 당황하며 잠시 얼굴을 쳐다보더니 그렇다고 했다. 그리고 그는 "고맙다. 덕분에 실력이 이만큼 늘었다."라며 그때 오기를 만들어 준 S에게 진심으로 고마워했다.

10

그는 처음으로 친구들과 골프장을 찾았다. 긴장되고 설레는 마음으로 친구들과 캐디의 말을 듣고 따라다녔다. 볼이야 어디로 가든 다른 사람들의 말을 철석같이 믿고 따랐다. 그러다 그린에 올라가려니 캐디가 한마디 했다.

"그린은 아주 비싼 잔디라서 상처를 내면 큰일 납니다. 신발을 벗고 잔디가 상처 나지 않도록 사뿐히 걸으셔야 해요."

그러자 친구들이 바로 알아차리고 상황극에 들어갔다.

"그래 여기는 몇억 원짜리 비싼 잔디라서 신발 신고 다니면 큰일 난다. 얼른 신발 벗고 올라가."

"맞아. 그린은 신발 벗고 올라가는 거야."

그러자 그는 정말로 신발을 가지런히 벗어 그린 옆에 두고 그린으로 올라갔다. 그러자 모두 조용히 입을 다물고 웃고 있는데 퍼터를 하던 그는 친구들과 캐디가 신발을 신고 있는 것을 발견하였다.

"너네는 왜 신발 신고 있어?"

"원래 처음 골프장에 오는 사람만 신발을 벗는 거야. 우리는 사뿐히 걷는 걸 잘하거든."

"맞아. 우리도 처음엔 그랬어."

"다른 사람도 다 그래."

그는 믿기지 않는다는 듯 캐디를 한 번 쳐다보고 "진짜예요?"라고 되물었다. 캐디는 "네" 하고 대답했다.

그는 정말 그런 줄 알고 맨발로 조심조심 다녔다.

"에휴~ 그 말을 믿었냐?"
한 친구가 그의 모습에 보다 못해 실토를 하였다.
"에이~ 거짓말. 나 처음이라고 뻥친 거지?"
모두 한바탕 웃음으로 그의 첫 라운딩을 즐겼다.

웃음

여러 사람들을 만나다 보면 입담들이 장난 아니다. 너무 센스 넘치는 말장난으로 하루가 어떻게 지나가는지 모를 때가 있다.

지역마다 특색도 다 다르다.

경기도 수도권에는 내가 뉴스를 챙겨 보지 않아도 고객들의 대화로 어느 정도 알 수 있다. 사회 경제 문화 다방면으로 대화가 오가기 때문이다. 지방으로 갔더니 누구네 집 소가 송아지를 낳았다는 얘기부터 배추 속에 알이 찼는지 누구네 딸이 캐디 일을 한다는 얘기까지….

1

지방의 고객은 그들이 끄는 차도 다양하다.

한번은 어느 차에 백을 실을지 여쭸더니 주차장에 1톤 짐차를 찾아서 짐칸에 실으라는 고객도 있었다.

누가 들고 가면 어떻게 하냐고 여쭸더니 아무도 안 가져간다고 얘기하셔서 실어 놓았는데, 짐칸이 너무 높아 다른 사람의 도움을 받은 적이 있다.

 딸기 하우스 농장을 하시는 나이 많은 총각은 플레이 도중 딸기 하우스 두 동을 주겠다며 결혼 상대를 구하기도 하고, 동네 친구들끼리 집에서 삼겹살을 구워 먹으며 놀았던 이야기를 하는 등 플레이 내내 수다스러웠다.

 나더러 표준어가 듣기 좋다며 아무 말이나 해 보라고 시키시는 분도 있고, 카트 길 옆에 흐드러지게 핀 꽃 이름이 뭐냐고 물으셔서 '조팝꽃'이라고 알려 드렸더니 조용히 고객들끼리 수군수군 웃으시기도 했다. 무슨 일인지 몰라 물으니 정말 모르냐며 되물으셨다. 내가 다시 모른다고 말씀드렸더니 대답은 안 하시는데 느낌상 그 지역 욕이 아닌가 싶었다. 서로 알아듣지 못하는 것을 보니 좁은 나라가 엄청 넓게 느껴졌다.

 고객들의 이름도 다양하다. 명희, 성희, 영숙, 영순, 영선, 옥이, 학선…. 모두들 남성 고객의 이름이다. 어느 날은 백원만이라는 이름을 백 네임에서 봤는데 다음 날 이억원이라는 백 네임 주인이 오기도 했다.

2

 70대 어르신들의 플레이였다. 타당 천 원짜리 내기였는데 파 3 숏홀에서 한 사람이 보기를 하고 세 사람이 파 퍼팅을 앞두고 있는 상황이었다. 보기를 한 A가 "셋 중 하나는 빼 주겠지" 했다. 세 사람 모두가 파를 할 경우 A는 더블 판의 돈을 혼자 책임져야 했기 때문이었다.

  제일 긴 퍼터를 남겨 둔 B가 "내가 꼭 넣는다! 꼭! 꼭! 꼭! 넣고야 만다!" 하며 퍼팅을 했는데 파가 되었다. B는 호탕하게 웃으시며 만족해하셨고 C가 "나는 필히 넣는다" 하며 이를 악물었다. C의 퍼터도 파를 기록했다. 나는 세 번째 D에게 "고객님은 반드시 넣으세요!"라고 했고 D 역시 파로 마무리했다. 이를 지켜보던 A는 "조졌다" 하며 돈을 계산했다.

3

  비슷한 동료들은 서로 봐주고 가르쳐 주기도 한다. 긴장감에 힘이 들어가 어깨가 바짝 올라간 J를 향해 S는 말했다.

  "어깨를 내려. 젊었을 때 깡패 하던 버릇을 아직도 못 고치고 저렇게 어깨가 올라가 있다."

  K가 대꾸했다.

  "쟤 젊어서 침 좀 뱉었지. 그때 저 자식 지나가던 애들 돈 좀 뺏었잖아. 나도 그때 뺏길 뻔했는데 내가 돈이 없어서 안 뺏겼지. 오늘 저놈 돈 좀 먹어 보자."

  K는 "배판! 배판!"이라고 계속 외치며 판돈을 키워 가고 J는 "난 큰돈엔 약한데"라며 볼멘소리를 했다. J는 그날 천 원짜리에 십삼만 원을 잃었다.

4

60대인 그는 1번과 2번 홀을 치는데 좀 이상했다. 클럽을 뭘 써야 하는지도 몰랐고 볼이 있는데 못 치고 서 있거나 전혀 상상하지 못한 방향으로 서 있거나 볼을 칠 생각도 하지 않았다. 시력이 안 좋은가? 아니면 오랫동안 볼을 치지 않은 분인가 했다가 나중에는 장난하는 건가 싶기도 했다. 파 3 숏홀에 가서 그린에 있는 볼을 닦아 놨는데 치실 생각이 전혀 없어 보였다. 난 좀 젊어 보이는 동반자에게 조용히 "저분 왜 저래요?" 하고 물었고 그는 조용히 "치매기가 있어요"라고 했다.

그때부터 나는 일일이 케어하기 시작했다. 하지만 생각보다 심각했다. 해저드 티를 알려 주고 맞는 클럽을 빼 주고, 빨간 볼 옆에 두고 치시라고 하면 "네"라고 대답은 잘하시는데 그곳까지 가지를 못했다. 스코어는 물론이고 돈 계산도 못 하고 본인한테 얼마가 있는지도 모르고 볼이 어디 있는지도 몰랐다. 그 와중에 4명을 다 돌보는 것은 어려웠다. 평소보다 두 배로 움직여야 했다. 특히 치매인 C는 손을 잡고 볼을 놔 주고 여기에서 저기 보이는 깃대로 치시라고 일일이 알려 줘야 했다. 다른 사람들 클럽을 바꿔 주고 돌아보면 그는 여전히 그 자리에 서 계셨다. 손을 잡고 특설 티로 모시고 갔더니 "우리 엄마 같아"라고 하셨다.

"저기 파란 깃대 보이시죠? 그쪽으로 치시면 돼요."

"파란 깃대 아닌데?"

"네?"

"연두색인데…."

"아, 네 맞아요. 저거 연두색이죠. 저기로 치시면 돼요. 똑똑하시네요."

칭찬을 하며 어린아이처럼 이끌고 갔다. 나인을 돌고 그늘집에 쉬었다 후반을 시작하며 "막걸리 한잔 드셨어요?"라고 물었더니 "아니"라고 하셨다.

"왜요?"

"응, 우리 엄마가 술 마시지 말랬어. 내가 옛날에 많이 마셨거든."

그야말로 대답 잘하는 아이 같았다. 친구는 바람 쐬라고 모시고 나왔는데 그 마음은 이해하지만 난 좀 힘이 들었다. 볼 앞에 데려다 주고 돌아서서 치시라고 하면 주머니에서 다른 볼을 꺼내 치셨다. 발밑에 원구를 주워 오시라고 하면 발밑에 있는데도 찾지 못하고 제자리를 빙글빙글 도셨다. 뛰어가서 내가 주워 오는 게 더 빠르다. 하지만 기분은 좋았다.

5

유난히 다른 사람 코치하는 걸 좋아하는 유형의 사람이 있다. 볼을 칠 때마다 쫓아다니면서 잔소리를 하는 분을 본 적 있다.

부부였는데 남편이 부인을 따라다니며 큰소리를 냈다.

"고개 들지 말고. 볼을 끝까지 보고. 다리를 좀 더 간격을 두고."

그러다 부인의 볼이 쌩크가 났다. 남편은 한심하다는 듯 돌아서 가버렸다. 화를 참지 못한 부인은 들릴 듯 말 듯 혼잣말을 중얼거렸다.

"18놈이 저렇게 잔소리를 하니 볼이 맞을 리가 있어?"

6

 여성 고객 둘은 친구이다. 애인들을 데리고 와서 볼을 처음 치는데 한 사람은 연상을 한 사람은 연하를 데려왔다. 두 남성은 나이 차가 많다 보니 어색했다. 젊은 남성이 나이 든 남성을 향해 "사장님 먼저 치세요"라고 하자 "저 사장 아닌데요"라고 나이 든 남성이 답을 했다. 그 고객은 정말 사장이 아니었나 보다.
 그러자 다시 젊은 남성이 말했다.
 "그럼 뭐라고 불러요? 아저씨라고 불러요?"
 이런 센스 없는 남성들 같으니라고….
 젊은 남성의 볼이 오른쪽 숲으로 들어가자 가뜩이나 안 맞는 볼이 더 안 맞는다며 짜증 아닌 투정을 부렸다. 나이 든 남성분은 "잘 맞다가 한번 안 맞으면 짜증 나기도 하지만 맨날 양 파 하다가 더블하면 엄청 좋아요"라고 말했다. 여성들은 신나했지만 나이 차가 많은 남성들은 어찌할 줄을 몰라했다.
 여성 고객들이 우리 다음에 또 어디 갈까? 하며 이곳저곳을 물색 중인데 나이 많은 남성 고객은 할 일도 많고 피곤하니 일찍 집으로 가자고 하고 젊은 남성은 다음 플레이는 끝나고 다음에 생각하자고 했다.
 농담을 던져도 나이 든 남성은 아저씨 개그를 해서 그의 애인만 웃고 다른 커플은 어색함만 더한 플레이였다.

7

진행 때문에 정신없이 플레이를 하던 동료 캐디 P가 클럽을 체크해 보니 어프로치 하나가 비어 있었다.

"고객님 아까 56도, 52도 웨지 같이 사용하셨어요? 두 개 같이 가져가신 거 아니에요? 아까 사용하신 거 같은데…."

"아냐. 나 안 썼어."

"아까 사용하신 거 맞는데… 잘 생각해 보세요."

"아냐. 나 하나만 가져갔어."

동료 P가 다시 뛰어가서 확인해 보니 어프로치 위치에 클럽 하나가 얌전히 주인을 기다리고 있었다. 그걸 본 고객은 "내가 썼네…"라고 머쓱해했고 그 모습을 향해 마음 급한 동료 P는 "우기지 좀 마세요"라고 웃으며 받아쳐 주었다. 고객들은 뛰어다니며 힘들어하는 P에게 위로차인지 연예인을 닮았다고 말씀하셨는데, 170cm도 넘는 키에 77 사이즈쯤 입는 그녀는 자신이 하지원을 닮았다고 대답을 해서 고객들을 당황케 만들었다.

하지만 일을 끝내고 점심 맛있게 먹으라는 다른 동료에게 하소연하길 "밥맛이 없어. 덕분에 다이어트는 되는데 입맛이 다 떨어졌어."라며 긴장했던 순간을 회상했다.

8

요즘은 이성을 만나기 위해 일부러 골프를 배우는 고객도 있다.

어떤 중년의 50대 여성은 남성을 만나려고 이혼 후 식당에 다니면서 연습장을 등록했고 한 달이 조금 지나 그곳에서 남성을 만났다. 다른 모임도 그런 경우가 많다. 하긴 그 어떤 노력이라도 해야지 않겠는가?

어느 날 단체 남녀 혼성 팀이었다. 나이도 60대에 손주도 있는데, B는 검은색 꽃무늬 망사 스타킹에 꼭 영화에서나 나올 법한 알록달록 짧은 치마를 입고 오셨다. 이를 보고 동반자 여성분이 "남자를 유혹하러 온 건지 골프를 치러 온 건지"라고 혼잣말 같지 않은 혼잣말을 하고 있었다. O는 골프도 잘 치고 말이 없는 젠틀한 남성분이었는데 B는 이런 O가 마음에 들었나 보다. 계속 주변을 맴돌며 끊임없이 애교를 부리고 말을 걸었다. 그러다 O의 멋진 드라이버 샷을 보더니 "드라이버를 어떻게 치는지 가르쳐 주세요!" 하며 O를 붙들고 늘어졌다.

조용히 O가 말했다.

"잘못 맞은 거예요…."

잠시 후 다른 동반자 여성분 볼을 O가 살펴 주었는데 B는 따라다니며 자신의 볼도 봐 달라고, 어떻게 하는지 모르겠다며 붙들었다.

"자꾸 슬라이스가 나요. 어떻게 해요?"

"왼쪽을 더 보세요."

"이렇게요?"

B는 과도하게 몸을 틀었다. 아마도 붙들고 자세를 잡아 주기를 바란 듯했다. O는 그 한마디를 하고 시크하게 돌아서서 가 버렸고 그녀는 그가 간 줄도 모르고 "이렇게요?"라고 외치고 있었다. 마지막

홀에서 태블릿에 입력하려고 O의 전화번호를 물으니 그녀는 왜 캐디가 고객의 전화번호를 묻냐며 싫은 내색을 하였다. 태블릿에 입력한다고 하자 자신은 한 번도 캐디가 번호를 물은 적이 없다며 이해할 수 없다는 표정이었다.

9

볼을 잘 못 치는 40대 직장 동료들이 볼을 치러 왔는데 본인 스코어도 잘 못 세면서 내기에는 엄청 진심이었다.

더블보기를 한 고객이 돈을 세면서 "누가 좀 전에 더블 하지 않았어?" 하고 물었다. 동반자들이 동시에 답하길 "너"라고 했다. 더블보기를 한 고객은 엉뚱한 매력의 소유자였는데 파 4 미들홀에서 보이스 캐디의 소리가 조용히 "파 4 홀입니다"라고 한 것을 그 고객이 옆에서 조용히 듣더니 "어? 바보 홀이라고?"라며 놀라워했다.

10

50~60대 동료들이 플레이를 하는데 볼이 사방으로 튀어서 그린에 올라가면 스코어가 난리 블루스였다. 볼을 하도 많이 치니까 어떤 볼을 쳤는지도 모르고 주워서 치기도 했다. 그러다 'JS'라는 이니셜이 적힌 볼을 P가 주워 왔는데 J가 "이리 내놔 봐" 하며 뺏다시피 살피더니 "내 거네" 하셨다.

P가 물었다.

"그게 왜 네 거냐?"

J는 볼을 보여 주며 말했다.

"여기 JS라고 쓰여 있잖아. 진세…."

그의 이름이 진세였던 것이다.

11

서로 아는 사이인 듯 모르는 사이인 듯 친근한 듯 격식이 있는 듯 50대 후반 여성 두 분과 60대 초반 남성 두 분이 함께 플레이를 했다. 여성 S와 J가 볼을 잘 치신다며 Y를 칭찬하자 Y가 "지난주에 백돌이 깨고 왔다"라고 겸손을 떨었다.

그러자 Y의 친구 L이 "벽돌 깨고 왔다고?"라고 되물었다.

간간이 여성들이 남성 손님들의 전화번호를 따거나 자신의 전화번호를 남성에게 주고 다음 라운딩은 다른 곳으로 잡자고 의견을 모으는 경우가 있었다. 나중에 L에게 조용히 어떻게 아시는 사이냐고, 밴드나 연습장 모임이냐고 여쭸더니 조인으로 오늘 처음 만난 사이라고 했다.

12

40대 초중반쯤 되어 보이는 그들은 봄기운이 곧 가시는 4월에 골프장을 찾았다. 평범해 보이는 그들은 볼은 잘 못 쳤지만 성격들은 너무 좋았다. 그중 젊어 보이는 H는 흥이 많았다. 처음에는 그냥 명랑 골프로 시작했지만 시간이 지날수록 천 원짜리 내기를 키워 가기 시작했다. 몇천 원 나오지 않았는데 수중의 돈이 다 나온 듯한 느낌이었다. 중간 그늘집 음식 주문을 하려는데 서로들 망설이길래 가오리찜은 어떠냐고 추천을 해 드렸다. 그러자 O와 R이 대화를 나눴다.

"가오리가 그 가오리 맞겠지?"

"그거 아님 뭐야?"

"땅에 사는 그거."

"나도 지금 그거 생각했어."

"고갈비 있잖아. 난 그 갈비가 갈빈 줄 알았어. 주문해 보니 물고기더라"

그들은 내 뒤에서 조용히 수군거리고 있었다.

마지막 파 3 숏홀이 17번 홀이었는데 동반자 P는 "니어는 3,000원 어때?" 하며 판돈을 키웠다. 옆에서 S가 "난 좋아. 다들 빨리 결정해"라며 부추기자 H가 "난 마음의 준비가 안 돼서…"라며 주저했다. 그렇게 삼천 원짜리 니어는 아무도 없이 마무리되었다.

마지막 홀에 가자 S는 "마지막 홀 오백 원 빵 어때?" 하니 H가 말하길 "너희 맘대로 해. 난 아쉬울 게 없거든. 난 돈 떨어졌지롱" 하며 놀렸다. 모두들 어이없어했다. 마지막 홀은 왼쪽은 높고 오른쪽은 낮은 이단 페어웨이를 가지고 있었는데, 카트 도로가 왼쪽으로 나 있는 홀이었다. 슬라이스가 많은 홀이기도 하고, 오른쪽 아래로 볼이 떨어졌을 때면 직접 뛰어가서 볼의 위치를 확인해야 하는 홀이라 나는 "달리 바라는 건 없지만 이 홀만 왼쪽으로 쳐 주세요" 하며 간청하듯 부탁드렸다. 하지만 잘 못 치는 볼이 어디 마음대로 갈 수 있겠는가. 다른 동반자들은 노력해 보겠다며 답했지만 H는 "미안해. 부탁을 들어줄 수가 없어서…" 하며 자신의 볼은 말을 듣지 않는다고 너스레를 떨었다. 볼은 산으로 갔고 멀리건을 받아친 그의 볼은 결국 주인의 말을 듣지 않고 오른쪽 구석으로 가고 말았다. 하지만 덕분에 유쾌한 하루였다.

13

비슷한 50대 후반 직장 동료들끼리 한겨울에 볼을 치러 온 일이었다. 파 5 롱홀로부터 400m 남은 상태에서 A는 자신의 볼을 쳐다보며 나에게 "저기선 뭘로 쳐야 돼?"라고 물었다.

동반자 G가 대답했다.

"아무거나 너 치고 싶은 걸로 쳐."

계속 내기 돈을 잃고 있던 A는 다시 동반자들을 돌아보며 "P에게도 핸디를 받아야 하고… G에게도 좀 받아야 하고…"라고 말했다. 그러자 그 소리를 듣고 있던 G가 대꾸했다.

"야, 줄 사람은 하나도 없는데 누구한테 받는다는 거야?"

"한 방에 훅 갈겨. 잘 쳐서 따야지. 내가 불고기 기다리잖아."

잃은 사람이 불고기 사기로 내기 중이었다.

너무 추운 날이었다. 커피 접대는 없지만 찬 바람이 너무 세서 "커피 한 잔 타 드릴까요?" 했더니 갑자기 "난 에스프레소"라는 소리가 들렸다.

"네? 에스프레소요?" 하고 되물었더니 동반자들이….

"난 라떼."

"난 다방 커피…."

14

요즘 헬스장에 다녔더니 드라이버 거리도 늘고 몸도 좋아졌다고 자랑하시는 L. 지난번 어떤 고객이 "아령이 거리를 내는 데 도움이 된다"라고 말씀하신 것을 알려드렸더니 "숨쉬기도 힘들어 간신히 숨만 쉬고 있는데"라고 하신다.

"새장가 가려면 운동 많이 하셔야 해요"라고 농을 했더니 "힘들어서 새장가는 못 가"라고 하셨다.

어찌어찌 간 볼이 오른쪽에서 돌아들어 왔는데 K는 드로우를 쳐서 성공시켰다고 큰소리를 치셨다. 동반자들이 어떻게 쳤냐고 물어보니 "언젠가 들어올 줄 알고 일부러 오른쪽으로 쳤지"라고 하셨다.

15

S는 이 골프장에 3년씩이나 다녀서 코스를 잘 안다고 자신하며 동반자들에게 코스 설명을 엄청 디테일하게 하셨다.

"여기는 오른쪽 보이는 데가 다야. 옆으로 조금만 더 가면 남의 홀로 넘어가고 그 앞쪽은 낭떠러지가 있는데 거기 가면 볼이 엄청 많아. 그 옆에는 뱀이 있으니 조심해야 하고 조금 길면 해저드야…."

웃음 55

몇 홀을 듣자 동반자 한 분이 "야, S는 3년째니 코스를 빠삭하게 아는구나. 쥐구멍도 다 알겠어?" 하며 받아쳤다.

16

K는 동반자가 볼을 칠 수 없을 정도로 과하게(?) 집중적인 코치를 했다. 너무 열심히 따라다니며 가르치니 귀에서 피가 날 지경이다. 플레이에는 관심도 없고 오직 그 한 사람만을 위해 열의를 쏟아 내고 있었다. 경기가 끝나고 보니 100타가 103타에게 그렇게 한 것이었다.

17

샷을 했는데 왼쪽 골짜기 쪽으로 볼이 갔다. 죽었는지 살았는지 판단하기가 확실하지 않았다.
"가서 확인해 보겠습니다"라고 말을 하니 옆에 동반자가
"착한 일을 많이 했으면 살았을 테고 아니면 죽겠지" 했다.
또 다른 동반자는 "워낙 사악한 놈이라…"라고 중얼거리면서 가서 찾아보니 볼은 오비였다. 볼 주인은 "앞으로 착하게 살아야겠군" 하셨다.

18

골프는 여러 게임을 만든다. 좌탄우탄, 뽑기, 간택제, 후세인, 타당 등.

어느 날 50대 후반에서 60대 초반 분들이 후세인을 했다. 세 분은 그 규칙을 알지만 한 분은 후세인이 뭔지 모르는 분이었다. 동반자 세 분이 열심히 설명을 해 주어도 좀처럼 이해하지 못했다. 일단 시작해 보기로 하고 이제 후세인을 배우기 시작하는 K는 후세인이 되면 돈을 갑절이나 먹을 수 있는 것에 재미를 붙여 자꾸 후세인을 하고 싶어 하셨다.

K "나 후세인이야?"

C "아니, 넌 사령관이야."

K "난 사령관 싫은데…."

C "나도 후세인 좀 해 보자. 너는 네 대원들이나 관리 잘하고 있어. 이번엔 내가 연합군 박살을 내 버릴라니까."

J는 볼을 잘 못 쳤다. 못 치는 건지 안 맞는 건지 J는 해저드 앞에서 볼을 칠 준비를 하고 중얼거렸다.

J "저 앞에 해저드에 볼이 빠지면 난 버디여."

C "물에 빠지면 해저드지 왜 버디야. 기초를 잘못 배웠구먼."

J는 설명을 해도 이해를 못 하셨다. 그러고는 딴소리를 하셨다.

J "저 오른쪽으로 치라고?"

C "저 오른쪽은 벙커 있다고 왼쪽으로 치라잖아. 너처럼 듣고 싶은 대로만 듣는 걸 선택적 경청이라고 하는 거야."

내기 골프를 하다 돈을 계속 잃고 있던 B는 돈에 대한 욕심을 못 버리고 "땅 한번 칠까?" 하신다. 이 말을 듣던 J는 "뒷땅이나 쳐라"라며 웃었다.

"고수는 타수를 내리고 하수는 판돈을 높인다"라는 말이 있다.

19

선후배 사이의 40대 동반자들 중 큰 형님은 말이 없는데 중간 형님은 샷을 할 때마다 한마디씩 했다. 후배는 뭐라 하지도 못하고 그저 "예, 예" 하지만 이도 그다지 호락호락한 타입은 아니었다.

그러다 7번 홀 티잉 에어리어에서 샷을 준비하는데 이 형님, 또 잔소리가 시작되었다.

"너는 너무 빨라. 샷을 천천히 해야지. 그렇게 숨도 안 쉬고 내려오니 볼이 맞냐고…."

"예, 형님 제가 성격이 좀 급합니다."

"그러니까 넌 성격부터 고치라고…."

"타고났습니다, 형님."

"짜샤, 그러니까 고쳐야지. 볼을 천천히 끝까지 보고 쳐야지 너는 어째 볼만 보면 덤벼들더라."

"예, 맞습니다 형님. 형님 말씀이 다 맞습니다. 근데 제가 알아서 하겠습니다, 형님."

"그래 짜샤, 네 맘대로 해라."

20

겨울에 볼을 치러 오신 고객님이 하셨던 대화다.

"아 그린을 좀 덮어 놔야지 이렇게 하니 명문이 못 되는 거지. 다른 골프장 가 봐. 전날 다 그린을 덮어 놓는다고."

"야 그린을 안 덮어 놨으니까 그린피가 싸서 온 거잖아. 그린을 덮어 놓으면 2만 원 더 내야 돼"

"아, 그러면 덮어 놓고 2만 원 더 받는 게 낫지."

"너는 2만 원 더 내면 올 거냐? 난 안 와."

"나도 안 오지….."

"역시 겨울에는 볼을 치는 게 안 되겠어."

"왜요?"

"너~무 추워."

21

전반에 안 맞던 볼이 후반 들어 너무 잘 맞는 고객님을 보고 동반자가 말했다.

"와, 멋지다."

"볼이 좋은 거여. 타이거 우즈가 쓰는 거거든."

"야, 그 볼 나도 하나 줘 봐라."

"없어. 주운 거여."

22

퍼터가 아쉽게 안 들어가자 고객님들이 말했다.
"아이씨."
"우리 욕은 하지 말자."
"아이씨가 욕이야? I see. '나는 본다'잖아. 볼 안 들어가는 걸 봤다고."

23

파 3 숏홀에 가면 홀인원 이벤트 기계가 있다.
한 고객님이 관심을 가지고 설명서를 읽고 계셔서 말을 걸었다.
"기계에 만 원을 넣고 네 분 중에 한 분이 홀인원을 하시면 200만 원을 준대요. 한번 도전해 보세요."
"아니야, 우린 그런 실수는 잘 안 해."

24

파마를 하고 오신 40대 후반 남성 고객에게 동반자가 말했다.
고객 1 "너 파마하니까 훨씬 낫다 야. 엄청 잘생겨졌어."
고객 2 "우리 엄마도 내가 이쁘대."
고객 3 "너희 엄마는 네가 삭발해도 이쁘다고 하잖아."
고객 4 "우리 엄마도 나 다 이쁬댔는데…."

중간에 버디를 한 고객 4 "버디 못하면 끝나고 탕에도 들어가지 마."
고객 2 "나 원래 안 씻어. 코로나야."

25

진행이 너무 느린 팀에 경상도 아가씨가 진행을 재촉하러 나왔다. 참고로 이 진행 캐디는 눈이 유난히 동그랗고 목소리가 걸걸하고 당차며 키는 153cm 정도의 왜소한 몸집을 가졌다.

"고객님 빠른 진행 좀 부탁드리겠습니다. 이 팀 때문에 뒤로 다른 팀의 대기가 밀려 있습니다."

"우리가 알아서 할게. 자네는 들어가."

"나간 볼은 제가 찾아 드릴 테니 먼저 치십시오."

"아, 내가 알아서 한다고!"

"그러니까 치시라고요!"

언성이 높아졌다. 주변은 눈치를 보며 각자 자신의 볼을 치고 있었다.

"내가 알아서 한다고!"

"그러니까 치세요! 치시라고요."

"알았어."

고객은 동반자들에게 "내가 어디 가서 쫄지 않는데 저 언니는 좀 무섭네" 하며 뛰어가서 볼을 쳤다.

26

K는 첫 티에 올라서자 나에게 의견을 냈다.

"오늘은 고객님이라고 하지 말고 오늘 플레이 끝날 때까지, 이 사람은 삼촌, 이 사람은 아빠, 이 사람은 작은아버지 이렇게 불러. 그리고 나는 음… 난 자기라고 불러 줘."

"야, 나는 왜 작은아버지야?"

작은아버지라고 불린 분이 벌컥 대답했다.

"저 아저씨는 작은아버지야."

"네."

코스에 나가서 볼을 부를 때,

"삼촌 볼은 몇 미터고요 아빠 볼은 몇 미터고 작은아버지 볼은 몇 미터예요. 그리고 자기 볼은 몇 미터예요."라고 다정하게 얘기하니 아빠와 삼촌과 특히 작은아버지는 '자기' 호칭을 부러워하면서도 어처구니없어했다.

물론 나의 자기는 몹시도 만족해했다.

유쾌한 플레이가 끝나고 며칠 뒤 다른 팀의 플레이 중 광장에서 우연히 다른 팀의 그 자기를 만났고 "자기 잘 있었어요?"라고 인사를 하니 동반자들 표정이 놀라워했다.

27

도통 골프와는 어울릴 거 같지 않게 생긴 네 친구가 볼을 치러 오셨다.

골프가 딱히 어울리는 사람만 하는 스포츠는 아니지만 옷차림이나 말투 행동에서 어느 것 하나도 매치되지 않는 모양새였다.

한 분은 젓갈 장사를 하시고 다른 분은 양봉을 하신다고 한다. 말도 많고 장난도 많고….

K가 퍼팅을 하려고 다리를 쫙 벌리고 반드시 홀컵에 넣으리라는 표정으로 심각하게 있는데 갑자기 동반자 G가 "어? 저거 들어가겠다" 했다. 심각한 자세의 K는 조용히 "스카치여…"라고 답했다. 동반자 A는 "스카치 블루?"라고 물었다. 나는 웃었고 그 볼은 들어가지 않았다. K의 퍼터는 스카티 카메론(Scotty cameron)이었다.

28

대학 동창 40년 지기 친구들이 나들이를 나왔다.

P는 키가 160cm 정도 되었다. 크게 말도 없고 매너도 좋았다. 친구들이 P의 아버지 장례식에 가서 P의 아들에게 너의 아버지가 대학 때 여학생들에게 인기가 많았다고 말했더니 P의 아들이 깜짝 놀라며 "우리 아버지가요? 그럴 리가 없는데…." 했다고 한다. 동반자 K가 "너 쫓아다니던 여자애들 다 어디 갔냐?"라고 하자 다른 동반자 J가 "음~ 반은 죽었고…"라고 했다.

29

 남성 두 분과 여성 두 분이 짝을 지어 왔는데 여성 P는 캐디인 내가 봐도 볼을 잘 치는 편이었다. 누구의 조언을 구하며 치는 실력이 아니었다.

 그럼에도 불구하고 티에만 올라가면 남성 P에게 방향을 물어봤다. "맞나요?" 하고 물으면 남성 P는 친절하게 "맞아요"라고 답하고는 했다.

 계속 그러다 보니 진행이 조금씩 늦어졌지만 반 템포라서 재촉하기도 뭐했다. 순간 놓치면 앞팀과의 간격이 벌어지는 고무줄 플레이여서 물어보지 말고 알아서 쳐 주었으면 했다.

 여성 고객인 P는 16번 홀에서도 P에게 또 같은 질문을 했고 유부남이었던 그는 센스 있게 "안 만나요"라고 대답했다.

 동반자 남성 고객인 K가 주머니에 볼을 넣고 있었는데 퍼팅을 하려니 한쪽이 너무 불룩 튀어나왔다. 여성 고객 K가 말하길 "주머니에 볼 넣지 마. 착시 현상이… 주머니에 볼을 넣을 때는 양쪽 주머니에 균형을 맞추라고…."

30

 내기 골프를 하는데 돈을 조금만 꺼내 놓고 가방에서 자꾸 조금씩 돈을 꺼내는 G를 보고 "내기하러 오면서 돈을 도대체 얼마를 가지고 온 거야? 좀 넉넉히 좀 가져오지."라며 동반자가 핀잔을 주니 G

는 "가방에 있어. 다 꺼내 놓으면 위화감 조성할까 봐 그래."라고 답했다.

31

사실 잘 치지도 못하면서 거리를 얘기해 주면 짧은 게 좋은지 긴 게 좋은지, 아니면 몇을 치는 게 더 유리한지 너무 디테일하게 묻는 고객들이 있다.

130m를 불렀는데 160m를 치면 어떻게 되냐고 묻는 고객에게 "꽃밭에 들어가요"라고 대답해 주었더니 옆에 동반자 A가 질문 많은 고객에게 "그거 잘 치더만. 그거 쳐."라고 얘기했다.

"뭐요?"라고 물으니 A는 피칭이라고 대답했다. 참고로 그의 피칭은 그 거리의 반밖에 나가지 않는다. 거리에 방향성까지 갖춘 G의 드라이버 샷은 그야말로 일품이었다. 치면 그린 앞 50M 안쪽에 안착했다. 버디가 나올 거라고 잔뜩 기대하고 있는데 그의 볼은 거기서부터가 언제나 문제였다. 어프로치를 하면 일단 그린을 넘어갔다. 그때부터 왔다 갔다 하며 기어이 더블파를 만들어 내는 신기한 재주가 있었다. 그렇게 몇 번의 홀을 지나다 보니 어프로치에 가면 동반자들은 "또 언제 그린에 오려나…" 하며 기대를 내려놓는다.

32

플레이 도중 잠깐 역사 이야기가 나왔다.

고려를 세운 태조 왕건에 대한 이야기였는데 그 얘기를 조용히 듣고 있던 K가 말했다.

"왕건이 뭐여. 내가 아는 왕건이는 설렁탕 먹을 때 고기가 큰 게 올라오믄 그걸 왕건이라고 하는디…."

33

딱 봐도 지방 사람인데 자기는 서울 사람이라고 빡빡 우기는 고객이 있었다. 볼이 해저드 수풀 속으로 들어가는 것을 보고 "어찌 됐으까" 하니 동반자가 "들어갔수네" 하고 답했다. 다른 동반자가 "그랬으까" 하고 다른 동반자는 "확실하므니까" 하니 "확실하므니다"라고 답해 주었다.

34

덩치는 큰데 거리가 안 나가는 고객에게 동반자 K는 체중을 실으라고 충고를 했다.

하지만 볼은 풀숲으로 들어갔고 K는 "체중을 실었습니까?"라고 물었다. 그 얘기를 들은 동반자 P "저 친구 체중 이야기 하는 거 싫어하는데…. 지난번에도 치기 전에 어떤 친구가 체중 이야기 하다가 친구 목록에서 삭제됐어."라고 농담을 하며 그가 친구가 없는 이유가 거기에 있다고 알려 주었다. 그 얘기를 조용히 듣던 H는 이제 K는 그의 친구 목록에서 멀어질 거라고 했다.

35

경상도 사람들인데 대전에서 근무하는 40대 동료들끼리 볼 치러 오셨다가 그중에 한 분이 유난히 유머가 뛰어나셔서 종일 웃었던 기억이 있다.

P는 티에서 볼 닦는 수건을 가방에서 찾으시더니 안 가져온 거 같다며 한참을 찾으시기에 내가 서비스로 하나를 드렸다.

그는 꼭 버디를 하겠다고 말씀하시면서 고리를 허리에 차려는데 고리가 갑자기 바닥에 있던 배수구 구멍으로 들어가 버렸다.

황당해하고 있는데 옆에 있던 K가 가방에서 지난번 챙겨 놓은 게 있다며 고리 하나를 건네주었다.

수건을 고리에 걸고 허리에 걸어야 하는데 P는 방법을 몰라 헤매고 있었고 그 모습을 본 N이 걸어 주며 설명을 해 주었다.

"이렇게 구멍에 고리를 걸고 허리에 달아서 줄을 잡아당기면 돼. 이 줄 이름이 '4,000만 땡겨 줘'야. 알았지?"

처음엔 무슨 얘긴지 몰랐다가 좀 지나서 그의 농담을 알아듣고 너무 웃겼다.

L이 나비가 팔에 앉았다고 이제 버디를 할 거 같다고 좋아라 하니 N이 "나비는 산 사람에게는 앉지 않아"라고 답해 주었다.

L이 이제는 돈 따는 일만 남았다며 P를 쳐다보았다. P가 "왜 나를 보고 그래?"라며 반문하자 L이 "나 사시야"라고 답했다. 파 4 미들홀에서 세 번째 샷을 에이프런에 올려놓고 퍼터를 잡은 L은 신이 났다.

"4 ON은 한 거잖아."

나를 한 번 힐끗 보시더니 "4 ON은 아니고 4 ON에 가깝잖아" 하셨다. 난 아무 말도 하지 않았다.

티 샷을 했는데 볼이 왼쪽으로 감겨서 산으로 들어갔다. N은 "내 볼은 나올 수도 있고 안 나올 수도 있는데…" 하며 나를 한번 쳐다 보시더니 "근데 100% 죽었죠?" 하셨다.

36

세 분이 오셔서 나는 너무 기분 좋게 백을 받아 나갔다.

세 사람이 플레이를 하면 네 사람의 플레이보다 해야 할 일이 줄고 플레이가 여러모로 여유롭기 때문에 받는 순간부터 기분이 좋다.

하지만 어떤 경우는 세 분의 플레이가 5인 플레이만큼 힘들 때가 있기도 하다.

레이디 티에 떨어지던 볼이 갑자기 멀리 날아갔다.

본인도 놀랐는지 "멀리 가네요"라고 얘기하자 옆에 동반자가 "그동안 멀리건을 많이 써서 그래"라고 답했다.

한참 플레이하던 비기너 분이 7번 홀쯤 갔을 때 갑자기 스코어를 보시더니 "선방하고 있어. 50개 치고 있어."라며 신나서 얘기했다. 동반자가 "선방하고 있네. 남들 46개 47개 치고 있는데."라고 기를 죽였다.

그들의 스코어는 다들 비슷했다.

37

30대의 친구들로 구성된 그들은 다들 비슷한 비기너였다. 일단 티에서 볼을 치면 살아남는 볼이 없다.

"다 같이 특설 티를 이용할게요. 카트를 타 주세요." 하고 움직였다.

특설 티에 가서 "저 빨간 볼 보이시죠? 옆에서 치시면 됩니다."라고 얘길 하니 다 같이 대답하셨다.

그러더니 갑자기 "근데 누나 해저드 티는 어딨어요?"라고 물었다. "저기 빨간 볼 마크 보이시죠? 그 특설 티 이용하시면 됩니다."라고 얘기하니 또 "네. 근데 해저드 티는 어디 있나요?" 하고 다시 되물었다.

이게 무슨….

"저기 빨간 볼이 해저드 티니까 저기서 치시면 됩니다"라고 하니 "네" 하며 다 같이 우르르 이동했다.

뒤에서 보고 있으니 귀엽다.

두 번째 홀은 좌우 다 오비였다.

"다 같이 특설 티로 이동하겠습니다"라고 얘기하니 "네" 하시고는 카트에 올랐다.

특설 티 라인에 카트를 세우고 "저기 특설 티에서 치시면 됩니다"라고 안내했다.

알겠다고 대답하더니 갑자기 "누나 근데 빨간 볼이 없는데요?"라고 되물었다.

잉? 이게 무슨….

"저기 하얀 볼 마크 쓰시면 됩니다" 하니 "아. 근데 해저드 티는 어딨어요?"라고 또 물었다.

"저기 저 볼에서 치시면 돼요."

"네. 근데 왜 아까랑 색깔이 달라요?"

"아까는 해저드고 지금은 오비라서 그래요."

"아."

그러다 왼쪽은 해저드 오른쪽은 오비인 홀에 갔는데 그곳에는 두 개의 볼이 같이 있었다.

"여기는 왜 두 개를 붙여 놨어요?"

너무 심각한 표정으로 진지하게 물으셨다.

"여기는 오비와 해저드를 같이 사용해서 그래요."

"아."

볼은 다 나갔는데 잔디에 나오니 너무 다르다고 신나하셨다.

그들은 스크린 친구들이었다. 조금 어처구니는 없지만 재미있고 즐거운 기억의 하루였다.

38

60대 초중반쯤 되어 보이는 그들은 단체 팀이었다.

볼이 너무 안 맞았는데 티 샷 볼이 산을 향해 가는 걸 보신 L은 조용히 "내가 오늘 볼을 치러 안 오려고 했어" 하셔서 난 무슨 일이 있나 하고 "왜요?" 하고 물었다.

옆에서 그 얘기를 들은 동반자가 끼어들며 말했다.

"왜, 볼 치러 간다고 제수씨가 뭐라고 해?"

"가정사가 있어. 내가 18년 동안 볼을 쳤는데 한 번도 맘 편하게 친 적이 없어."

"18년을 쳐서 그래. 네가 19년을 쳤으면 좀 나았을 것을. 올해만 잘 버텨 봐. 내년에는 19년이니 좀 낫겠지."

그러다 한 분이 딸이 미장원을 새로 개업했다며 머리하러 오라고 홍보를 하셨다. 주변에서 동반자들이 얼마냐고 물었더니 좀 비싼데 실력이 뛰어나다고 하셨다.

그러자 L이 "나는 머리 자르고 파마하고 머리도 감겨 주는데 삼만 오천 원이야"라고 했더니 미용사 딸 아버지가 "그러니까 네 얼굴이 저렴해 보이는 거야" 하셨다. 이어서 팔목에 찬 팔찌를 자랑하시며 "이것도 딸이 개업 선물로 사 준 건데 팔찌가 50돈이야" 하자 기다렸다는 듯이 L은 "그러면 팔 잘려"라고 대꾸하셨다.

그러다 친구 얘기를 시작하셨다. 중국으로 여행을 간 친구가 몽블랑 만년필을 사려고 물어보니 한 개에 70만 원이라고 해서 고민하

웃음

고 있었다. 그런데 갑자기 중국인이 들어오더니 얼마냐고 묻고서는 100개를 달라고 해서 고민하고 있던 한국인 친구가 너무 놀라 입만 떡 벌리고 왔다는 이야기였다.

덕분에 L의 볼이 맞지 않을 때마다 "가정사가 있는 놈이니 오늘은 봐줘야 한다"라고 놀려서 더운 여름 종일 웃음이 끊이질 않았다.

39

50대의 친한 친구들이었다.

A와 C는 볼을 좀 치시지만 B와 D는 잘 못 치신다.

서로 편을 나누어 저녁 내기를 하시는데 성적은 두 팀이 비슷했다.

그러다 같이 더블보기를 하시자 C가 "너희는 꼭 같은 점수를 낸다" 하시니 얌전한 교수 D가 "나는 한 놈만 팬다"라고 농담을 하셨다. 아무도 얘기하지 않았지만 B는 "18노무 새끼…"라며 욕설을 뱉었다. 얘기하지 않아도 본인을 타깃으로 말씀하신 걸 알고 계신 것이다.

그러다 한 타 앞선 A가 D에게 "천 원 줘" 하시니 D는 "알아서 줄 거야. 집에 가기 전에 주면 되잖아." 하셨다.

그린에서 퍼터를 하도 왔다 갔다 하는 D를 향해 A가 "퍼터 의미가 없구먼. 쯧쯧." 하며 혀를 차니 D와 같은 편인 C가 "왜 의미가 없어? 네가 왔다 갔다 하면 의미가 있지." 하셨다.

더블파를 하신 D는 C를 향해 "미안하다. 나랑 같은 편이어서." 하며 정말 미안해하셨고 C는 "친구 사이에는 미안하다고 하는 거 아니야" 하며 영화의 한 장면을 연출해 내셨다.

40

요즘 새로 나온 브랜드 볼인데 아주 잘 나가는 볼이 있다고 P는 동료들에게 연설을 하셨다. "JSB."
다들 어디 브랜드냐고 못 들어 본 거라며 일제냐고 궁금해하셨다.
"그것은… 그것은… 주서온 볼"이라고 하셨다.

41

단체 팀의 그들은 한 사람을 놓고 뒷담화를 하였다.
못난 친구가 하나 있는데 자랑할 것이 아무것도 없는 그가 한 친구를 막 대했던 모양이다.
어릴 때는 그럴 수 있어도 이제 나이를 먹을 만큼 먹은 친구가 말만 하면 'KGB'라고 그렇게 다른 친구들 앞에서 한 친구를 갈군다는 것이다.
하지만 '갈굼'을 당하는 그 친구는 그것이 그 친구의 가장 큰 콤플렉스라고 했다.
난 도대체 그 심각한 KGB가 무엇인지 궁금해서 조용히 여쭤보니 '코리아 지역 방위'라고 하셨다.
듣기 좋은 콧노래도 한두 번이지 여러 친구들 앞에서 자꾸 그 친구 기를 죽이니, 보다 못한 주변 친구들이 "차라리 제발 너 군대 좀 다시 갔다 와라"라고 사정한다고 하셨다. 그들의 나이 60대였다. 아무리 가까운 친구 사이도 지켜야 할 매너가 있는 것이다.

42

이들은 멀리 파주에서 오셨다고 했다.

연상 연하 부부와 친한 지인 남성 고객 두 분이 같이 오셨는데 성격들이 매우 유쾌했고 때에 맞춰 상황극을 너무 잘했다.

나도 동료와 가끔 상황극을 할 때가 있는데 상황극도 서로 쿵짝이 잘 맞아야 할 수 있다.

추운 겨울이어서 땅이 많이 얼어 있었다. 남편 L이 퍼터를 했는데 너무 잘 치셨다. 그가 말했다.

"난 전생에 김연아였나 봐. 빙판 위에서 강해. 김연아한테 한번 빙판에서 붙자고 전화할까?"

그러자 다들 "김연아가 전화 안 받아", "연아가 너랑 치는 거 싫대", "미친놈인가. 신고할 거야." 하며 놀렸다.

그러다 남편과 같은 방향으로 티 샷이 가니 "하~ 나를 따라오네. 요물이네 요물!" 했다.

부인과 다른 남성 고객과 같은 편이 되었는데 돈을 따니 좋아서 팔짱을 끼며 친한 척을 하면서 "우리 오늘부터 1일이다" 하며 농담을 했다.

"좋다. 남자 친구도 만나고 돈도 벌고."

그러자 그 남성 고객이 받아치기를 "전 남자 친구랑 연락하는 거 아니죠?" 하니 여성 고객이 "자꾸 연락 와서 귀찮게 하길래 차단했어요"라고 답했다. 그러자마자 남편이 옆에 있던 다른 남성 고객에게 "아저씨 혼자 오셨어요?"라고 해서 모두들 빵 터졌다.

  부인이 어프로치를 하는데 옆에서 그걸 쳐다보고 있던 남편의 종아리를 맞추었다. 꽤 아팠을 텐데 그는 거기서도 상황극을 멈추지 않았다.
  놀란 부인이 "괜찮아? 파스 좀 뿌리자." 했고, 나는 스프레이 파스를 갖고 왔는데 털이 보이면 부끄럽다며 괜찮다고 사양하셨다.
  그걸 지켜보던 동반자도 이제 남편을 아예 죽이려 한다며 코미디에서 가족물로 변하더니 이제는 저들이 공포물을 찍는다며 놀렸다.

43

이들은 남녀 두 분씩 짝을 지어 타당 천 원짜리 내기를 했다.

봐주는 거 없다고 첫 홀부터 얄짤없다고 하고 시작했는데 첫 홀 파5가 끝나니 한 여성 고객이 트리플을 하였다.

다른 분들이 서로 자신의 스코어를 불렀다.

"난 보기."

"난 파."

"나도 보기."

그러자 트리플을 하신 여성 고객이 "난 원래 첫 홀은 다 파인데…" 하셨다.

나는 "고객님이 파라고 하면 파라고 해 드려야죠" 하며 웃었다. 그러자 동반자가 "그래 그럼 첫 홀은 올 파!"라고 외치며 기분 좋게 출발하였다.

짝꿍에게 "잘 쳐요"라고 여성분이 독려를 하니 "뭐 하러 잘 쳐. 못 쳐도 돈을 따는데."라며 그의 애인이 대꾸하였다.

그 남성분은 볼을 좀 잘 치는 편이었다. 그러다 잘 치시는 분이 어느 홀에서 오비가 나면서 돈을 잃었는데 오랜만에 이분의 돈을 딴 동반자들이 너무 좋아하며 천 원짜리에 흥분을 하자 "그까짓 천 원짜리도 돈이라고 서로 가지려고 애쓴다. 옛다 가져라." 하며 나누어 주었다.

후반에 들어가서 그분은 언더를 치겠다고 동반자들에게 큰소리를 쳤는데 후반 첫 홀 티 샷이 그만 언덕으로 가서 오비가 되어 버렸다.

그걸 보던 동반자가 "언더를 친다더니 저게 뭐야?" 하자 이분은 "언덕으로 친다고 한 거야" 하며 웃었다.

44

설 연휴라 가족 단위의 고객들이 많이 왔을 때였다.

사위 셋과 처남의 나이가 50대에서 60대 중반으로 구성된 팀이었다.

이 집 둘째 사위 P는 덩치도 제일 크고 성격도 호탕하여 언제나 주도적 역할을 하는 사람으로 별명이 운영위원장이었다.

첫째 사위는 나이는 제일 많아도 볼을 제일 안정감 있게 잘 치셨다.

셋째 사위와 처남은 50대 초중반으로 나이가 비슷했다.

파 5 롱홀만 가면 롱기스트를 보는데 처음에는 페어웨이 안으로 들어온 볼만 인정하기로 했다.

첫째 사위의 볼이 제일 멀리 갔지만 옆으로 굴러서 페어웨이를 벗어났다.

둘째 사위의 볼이 그다음으로 첫 번째 사위 K 뒤로 떨어졌다. 셋째 사위 C와 처남 K의 볼은 중앙으로 잘 갔지만 첫째 사위 K와 둘째 사위 P의 거리에 미치지 못하였다.

누구의 볼이 롱인지는 육안으로 확인해도 처남 K의 볼이었지만 첫째 사위는 자신이 페어웨이라고 우겼다. 겨울이라 어차피 잔디는 다 죽어 있어서 우기기에도 좋았다.

힘없는 셋째와 처남은 반박하지도 못했다. 둘째 사위가 "큰매형이 롱게 하세요" 하며 첫째 사위에게 판가름하게 두고 그린으로 향했다.

그린 앞에 60m쯤 되는 해저드가 있었는데 이 그린은 그늘이 져서 종일 얼어 있었기 때문에 그린을 바로 공략하면 다 튀어 나갈 것을 예상하고 얼음을 맞춰 올라가는 방법을 택했다.

하지만 네 사람 모두 언덕을 맞고 뒤로 떨어지거나 너무 튀어서 그린 밖 해저드 구역으로 도망가거나 얼음을 헤엄쳐 가는 볼이 난무하는 가운데 현란한 스코어로 아웃을 하게 되었다.

자신들도 어이없다는 듯이 P가 물었다.

"그래서 롱게는 누구야?"

처남이 답했다.

"큰매형이 롱이에요."

그러자 큰 사위가 말했다.

"운영위원장이 나 아니래. 운영위원장이 아니라면 아닌 거."

그래서 나는 "그러면 P 고객님이 롱이세요"라며 처남을 가리켰다. 셋째 사위도 처남이라고 했다. 그러자 운영위원장 둘째 사위 P가 갑자기 "그럼 없다 그래"라고 단호히 말을 하니 다들 "그래. 그냥 없다 그러지 뭐." 하셨다.

보기가 참으로 좋았다.

45

겨울의 볼은 어디로 튈지 몰라 조심히 다뤄야 하고 별의별 돌발 상황이 많다는 매력이 있다.

얼토당토않은 볼이 해저드 얼음 위를 헤엄쳐서 그린으로 올라가기도 하고 그린에 도착한 볼이 갑자기 방향을 틀어서 오비가 나거나 해저드에 들어가기도 한다. 오죽하면 겨울 골프는 핸디가 없다고들 하지 않는가.

친한 선후배 사이인 이들은 40대 중후반쯤 되었다.

인상도 매섭고 까칠한 C의 볼은 그린에 올려서 좋다고 갔는데 그린을 한참 벗어나 있었다.

실망한 C는 자신의 볼을 향해 걸으면서 혼잣말인 듯 중얼거렸다.
"굴렀네 굴렀어…. 굴 넣은 건 안 좋아한다고 그랬는데…."

플레이 도중 라이터가 없어졌다.

라이터를 찾던 고객님이 "라이터 있냐?" 하고 동반자에게 물으니 "네 나이가 몇인데 나이 탓을 하냐?"라고 답을 하셨다.

46

40대의 이들은 허세로 가득했다.
파 3 숏홀에서 기다리면서 M이 말했다.
"이거 너무 기다리는데…. 내가 하나 사 버릴까?"
C "골프장 하나 사는 데 얼마야?"
G "500억?"
S "통장에 500억 있어? 네 통장에 얼마 있냐?"
M "내 통장에 28,000원 있어."

웃음

S가 볼이 잘 안 맞는 동료에게 말했다.

"편하게 쳐. 긴장하지 말고…."

G "나 편하게 치고 있는데…."

C "쟤 지금도 편하게 쳐서 저러는데 더 편하게 치라 그러면 어떡해?"

47

동료 H는 남성 세 분과 여성 한 분과 플레이를 했다. A는 45세 B는 43세, C는 여성분 D와 41세였고, 친구 사이였다. A를 제외하고는 모두가 '골린이'였다. 다른 분들은 사람이 괜찮았는데 C는 어드레스가 너무 늦고 말을 자꾸 시비조로 쏘았다. 앞팀을 못 쫓아가는데 볼을 칠 생각을 하지 않았다.

"고객님 얼른 치세요. 진행 요원이 나오겠어요."

"우리가 늦어? 진행 요원 나오라고 그래!"

"고객님 앞팀이 안 보이면 우리가 늦은 거예요. 제발 얼른 치세요."

계속 사정했지만 좀처럼 진행되지 않고 오직 그 C 한 사람 때문에 늦어지고 있었다. 그러면서도 C는 "언니 몇 살이야?" 하며 질문을 해 대었다.

"고객님보다 엄청 많아요. 얼른 치세요."

"안 그럴 거 같은데? 몇 살인데?"

"마흔두 살이요."

"엄청 많다며? 마흔두 살이면 나랑 친구네!"

"고객님, 제가 고객님보다 365일이나 먼저 태어났거든요."

H의 타들어 가는 속도 모르고 "누나!" 하며 C는 여전히 뺀질댔다. 그러다 빨간색의 스포츠카를 닮은 예쁜 진행차가 지나가자 "누나 나 저거 사 줘" 하며 너스레를 떨었다. 이래저래 숨 가쁜 하루였다며 H는 밥을 두 번이나 퍼다 먹었다.

48

어느 봄날, 직장 동료들로 팀을 이룬 이들이 있었다. 처음에는 컨디션들이 좋아 볼을 잘 치셨다. 하지만 후반에 들어서면서부터 체력이 급격히 떨어지고 집중력이 흐트러져 본인들의 스코어를 세는 것도 힘들어하셨다.

그린을 아웃하며 나는 "보기 보기 더블 트리플"이라고 스코어를 불러 주었다. 그러면 서로 누가 트리플인지 몰라 고민을 하고 있었다. 난 "보기 두 분에 더블 하신 분 빼면 나머지 한 분인데 모르면 보기 보기 더블 더블 해요" 했다. 천 원짜리 내기에 돈을 잃는 사람만 계속 잃고 있기도 했고, 분위기도 나쁘지 않았기 때문에 못 치신 분의 돈을 지켜 드려도 좋을 법하단 생각이 들었다.

그중 D가 "난 보기"라고 말했다. 그러자 B가 "그럼 난 물에도 안 빠졌는데 뭐야?" 하셨다. 실제 트리플을 하신 A는 가만히 있고 오랜만에 오비 나고 더블을 하신 C는 "난 잘 온 거 같은데… 내가 트리플인가?" 하셨다.

나는 그냥 웃고 있었는데 그들의 의논이 가관이었다.

"누가 트리플이야? 나야?"

모두 나만 쳐다보고 있었다. 그러다 한 분 한 분 스코어를 알려 드렸더니 A가 "아! 내가 트리플이었어?" 하며 대답하셨고 다른 분들은 "그럼 그렇지. 내가 별일 없이 왔는데 어쩐지….", "나도 오비 한 번밖에 안 했어" 하셨다. 이제부터 정신 차리고 잘 쳐 보겠다는 B에게 모두들 오비 나고 해저드에 빠졌으니 드디어 고객님 시대가 열렸다고 응원을 해 드렸다. 그랬더니 신나서 볼을 치셨고, 치신 볼이 너무 잘 갔다. 잔뜩 기대감을 안고 세컨을 했는데 그 볼도 너무 잘 맞아서 드디어 버디 찬스를 얻었다.

D가 "아까 하던 대로 천천히 하면 되겠네" 하시니 A가 "B가 아까 뭐 했는데?" 하셨다. D는 "쓰리퍼터"라고 답했다. 그 얘기를 듣고 기대하며 버디퍼터를 하려던 B는 한바탕 웃고 "내가 버디가 뭔지 보여 줄게. 너희 다 죽었어. 내 시대가 왔거든." 하시더니 결국 쓰리퍼터로 마무리하셨다.

49

40대 중반쯤 되어 보이는 그들은 지인들로 이루어진 팀이었다. 전날 고객님이 나에게 친구 중에 농협지점장 K를 소개해 준다고 하고 가셨는데, 오늘 고객 중에 J의 이름이 K의 이름과 같아서 웃었다. 어떤 날은 투 라운드를 도는데 오전 팀에 영순이라는 남성분과 플레이를 했다. 오후 팀에 성만 다른 영순이라는 이름의 남성 고객을 나가기도 해서 신기하기도 했을 때였다. 전날 비가 와서 공기는 좋은데 맑음이라던 일기 예보와는 다르게 날은 꾸물꾸물하고 해가 나왔다 구름이 나왔다를 반복하더니 갑자기 빗방울이 떨어지기 시작했다. 홀마다 멀리건을 쳐도 앞으로 가서 살아남는 볼이 몇 개 없는 그런 플레이를 하고 있을 때였다. 퍼팅을 하던 J가 "어? 난 맑을 줄 알고 우산 안 가져오고 양산 가져왔는데…." 하며 운을 띄웠다. 웃음이 많은 나는 그 말에 웃음이 났는데 동반자들이 실없는 농담을 한다며 퍼팅이나 잘하라고 받아쳤지만 그의 퍼팅은 더블파를 향해 가고 있었다.

"난 해 날 줄 알고 UV 양산으로 준비했지."

J는 한마디 하더니 결국 파 5 롱홀에서 4개를 오버해서 '애바'를 기록했다. 참고로 이 점수는 집에 가서 애나 보라는 뜻에서 생긴 말이다.

전반 플레이를 마치고 후반 플레이를 시작하는데 이번에는 볼 3개 남았으니 그걸로 플레이를 끝내겠다고 큰소리를 치며 시작한 J의 볼은 첫 홀을 치자마자 오비를 기록하면서 멀리건 볼조차 오비가 되어 그의 손에는 볼 하나가 남았다.

"안 되겠다. 그냥 가야겠다." 하며 포기하는 J를 향해 동반자가 "그럼 그냥 가야지 멀리건을 몇 개나 치려고?" 하며 핀잔을 주었다.

"내가 왜 저렇게 친 줄 알아? 내가 저렇게 쳐야 볼 장사도 먹고사는 거야."

J는 이유 아닌 이유로 변명을 했다. 동반자는 "너 아니어도 볼 장사 너보다 돈 많아. 걱정 말고 쳐." 하며 다독여 주었다.

50

40대 후반에서 50대 초반 정도로 보이는 그는 잘생긴 고객이었다. 볼도 잘 치고 매너도 괜찮았다. 그런 그의 이상형은 덩치가 크고 엉덩이가 큰 여성이라고 했다. 하지만 대부분의 캐디들은 너무 말랐다고 했다.

그날 그는 이상형의 캐디를 만났다. 그녀는 170cm쯤 되어 보이는 키에 78kg이었다. 그는 그녀를 보는 순간부터 마음에 들어 했다. 그 고객은 한 덩치 하는 캐디를 보며 "애기야, 사뿐사뿐 걸어. 엉덩이 들쑥날쑥하지 말고… 너무 보기 좋다." 했다. 그는 80kg이나 되냐며 "내가 맘에 드는 여자는 내게 눈길 한 번 안 주고 나머지는 다 말라깽이야"라며 그녀의 움직임만 따라다녔다. 나머지 동반자들에게는 "나는 얘랑 산책이나 하며 데이트할 거니까 너희들은 클럽 알아서 빼 가고 알아서 쳐"라며 그녀의 뒤만 따라다녔다.

"왜 그러세요" 하며 그녀 또한 지금껏 당해 보지 못한 상황에 당황해하고 있었다. 카트에는 동반자들만 태우고 자동으로 보내라고 했고 자신은 둘이 데이트하며 걷겠다고 했다. 그린에라도 올라가려고 하면 살살 다니라며 엉덩이만 보인다고 좋아했다. 그녀는 "내 덩치에 어떻게 사뿐사뿐 걸어요?" 하며 민망해했다. 끝날 때는 번호를 달라고 조르기까지 했다. 그러다 동료 중에 80kg 넘는 언니가 있다며 소개해 준다고 하자 그는 너무 좋아했다. 사람의 이상형이 다 달라서 짚신짝도 짝이 있다는 말이 있나 보다. 누군가는 마르고 흰 피부를 좋아하기도 하고 누군가는 검은 피부의 뚱뚱한 사람을 좋아하기도 한다.

나도 우리나라에는 흔치 않은 산타클로스의 덥수룩한 수염이 이상형이다.

51

가끔 고객 중에는 버디피로 반지를 만들어 주거나 하트를 만들어 주는 경우가 있다. 반지를 받았을 때, 고객이 만들어 주셨으니 그 플레이를 하는 동안 끼고 있었는데 모서리가 손가락을 눌러서 아팠다. 그날도 한 고객은 하트를 정성스럽게 만들어 주었다. 고객이 그렇게 만들어 주시니 난 감사의 마음을 담아 좋아함을 표현했다.

"어머 너무 이뻐요. 감사해요. 이런 거 처음 받아봐요. 어떻게 만드신 거예요?"

그러자 그는 그 반응이 너무 좋았는지 다음번 버디피로도 하트를 만들어 주었다. 하지만 하트나 반지를 다시 푸는 것은 너무 힘들었다. 더구나 그는 너무 정교하게 접어서 만들어 주었다. 그날 캐디피 13만 원을 다 하트로 접어 주는 바람에 집에 가서 하트를 푸는 데 몹시도 일이 많았다.

52

동료 K는 플레이 도중 배가 아프기 시작했다. 도저히 앉을 수가 없었다. 힘겨운 몸을 이끌고 클럽 그립 부분으로 볼이 굴러올 방향을 짚어 주고 있었다. 여성 고객이 가만히 지켜보더니 "음~ 다른 언니들은 볼도 다 닦아서 놔 주던데 언니는 안 해주네" 하셨다. K가 대답했다.

"저 똥 싸요? 여기에다가?"

그러자 갑자기 남성 고객이 "야, 다 라이 각자 봐. 나인 홀 끝나고 똥 쌀 시간 되지? 빨리빨리 쳐. 언니 싸겠다."라며 재촉했다. 그렇게 대충 나인 홀을 종료하고 그녀는 화장실로 향했다. 다시 후반을 위해 만났을 때 "시원해?" 하며 고객이 물으셨고 K는 "네" 하며 웃었다. 여성 고객이 "나 후반에는 잘 칠거야. 이제부터는 라이 잘 봐줘."라고 해서 정성스럽게 라이를 놔 주었는데 들어가는 볼은 전반보다 시원찮았다.

53

50대의 남성분 네 분과 플레이를 하던 동료 S.

속이 안 좋아지기 시작하더니 카트에 다 같이 앉아 있는데 뽕~ 하고 소리를 내 버렸다. 소리가 커서 모두 들었고 뒷좌석의 고객들은 술렁이기 시작했다. 그녀는 바로 옆 고객을 쳐다보며 "속이 안 좋아요? 지리신 건 아니예요? 나이도 젊으신데 괄약근 조절이 그렇게 안 되세요? 화장실 다녀오셔야 하는 거 아니예요?" 하며 덮어씌웠다. 갑자기 봉변을 당한 그 고객은 당황해했고 뒷좌석의 고객들은 한마디씩 덧붙였다.

"야 그렇게 괄약근 조절이 안 돼?"

"너 벌써 다 된 거야? 에휴 어쩌냐."

"짜식, 나이도 몇 살 안 먹은 놈이 다 됐구나."

고객들이 놀려 대자 그는 울상을 지으며 "나 아니야" 했지만 그를 믿는 이는 아무도 없어 보였다. 플레이하는 동안 다 된 놈으로 그의 명칭이 바뀌어 있었다. 몇 홀 후 중간 화장실에 다녀오시라고 고객들을 보낸 후 그녀는 아무도 없다고 생각하고 이번에는 맘 편히 뀌었다.

"언니잖아."

카트 뒷좌석에서 소리가 들려 왔다. 헉! 그 다 된 놈이 거기 있었다.

"그래, 소리는 그렇다 치자. 냄새는 어쩔 거야? 쟤네가 나보고 다 됐다고 놀리잖아. 어떻게 할 거야?"

그러자 S는 뻔뻔하게 대답했다.

"나라도 살아야죠."

어이없어 하는 다 된 놈을 보고 웃고 말았다. 그러다 그린에서 라이를 보고 있었는데 또 하필이면 그 다 된 놈의 볼을 놓다가 S는 다시 소리를 내고 말았다. S의 뒤에서 그 다 된 놈은 자신의 볼을 쳐다보고 있다가 결국 포기하고 말았다.

"오늘 조절이 안 되네. 고맙다. 덮어씌워 줘서…."

그는 S를 쳐다보고 말했다. S는 여전히 뻔뻔하게 "미안해요"라고 조용히 읊조리듯 한마디하고 시크하게 돌아서서 다른 볼로 향했다.

54

야간 라이트 경기를 하는데 너무 이상하리만치 조용했다.

여러 홀에서 무전 소리가 요란할 텐데…. 고객은 거나하게 술을 드시고 뽕짝 삼매경에 빠져 있었다.

쿵짝 쿵짝 아싸 아싸….

신나라 이박사 노래인 듯싶다.

한참이 지났는데 어디서 '띠리리릭' 소리가 희미하게 들렸다. 뭐지? 하며 뒤를 돌아보았는데 술에 취한 그 고객이 마이크인 양 들고 있는 그것, 무전기였다. 일하다가 빠진 줄도 모르고 있었는데 고객이 그걸 들고 뽕짝을 신나게 부르고 있었던 것이었다.

"내가 즐거우라고 노래 불렀어. 이히!"

얼른 뺏어서 무전을 보냈다.

"저 누구누구인데 죄송합니다."

무전기 너머로 "근무 끝나고 경기과로 들어오세요"라는 소리가 들렸다. 한밤중에 노래가 길고 신나다 보니 동료들은 무전기를 빼서 온 고객들에게 들려주고 있었다. 모두에게 신나는 한밤이 아니었을까.

55

그는 옷차림부터가 프로의 모습이었다. 볼을 아주 잘 칠 것 같은 몸매까지… 완벽했다. 광장에서 "커버를 벗길까요?" 하고 물으니 알아서 할 테니 벗기지 말고 어프로치만 벗기라고 했다. 피칭을 포함해서 어프로치만 6개였다. "에구 좀 힘들겠구나" 하며 플레이를 시작했다.

첫 홀 드라이버를 딱 쳤는데 레이디 티 앞에 떨어졌다.

"몸이 아직 안 풀려서 안 맞네."

그는 민망한 듯 읊조렸다.

'그래. 첫 홀이니 그럴 수 있지'

200m가 넘는 거리를 뭐로 드릴까요, 여쭈었더니 우드를 달라고 하셨다. 그의 3번 우드 거리는 70m였다.

'뭐 아직 첫 홀이니 그럴 수 있지.'

130m쯤 남았을 때 클럽 7번과 8번 두 개를 들고 가서 바꿔 드리려 했더니 그냥 다시 우드를 치겠다고 하셨는데 이번에도 딱 그 절반의 거리를 쳤다. 그 이후로 70m 남은 거리를 6개의 어프로치로

10m씩 잘라 가며 다 사용했다. 그래 이번에는 잘 치겠지 하며 2번 홀 티 샷을 기대하며 보고 있는데 잔디 보수를 하려고 잔디 판을 쌓아 둔 곳에 정확히 박혔다. 구멍은 보이지만 볼을 찾을 수는 없었다. 먼저 그가 오비 특설 티로 이동하겠다고 얘기해 주어서 그나마 다행이었다. 하지만 120m 남았다고 말씀드렸는데 그의 대답은 "3번 우드"였다. 그렇게 그의 멋진 프로의 모습은 3번 우드로 하루를 마무리했다.

그의 직업은 성악가였다. 덩치도 좋아 볼이 좀 나갈 거라 기대했지만 항상 레이디 티를 중심으로 왔다 갔다 했다. 그래도 성격은 좋았다. 늘 유쾌하고 웃음도 많고 밝았다. 그 골프장은 홀 간 거리가 짧아 이쪽저쪽에서 넘어오는 볼도 많아 "볼~"이라고 자주 소리가 들려왔다. 그러니 옆 홀에서 조금만 흥분하여도 서로의 소리가 들렸다. 잔디밭이 너무 좋았는지 술기운도 있는 김에 넬라 판타지아가 울리기 시작하였다. 목소리가 너무 좋아 귀가 호강할 만하지만 볼을 치는 중에 들려오는 것을 다른 팀에서 티 샷을 하는 중에 환영할 리가 없었다. 조용히 좀 하라고 여기저기서 고객들의 소리가 들려왔지만 그의 넬라 판타지아는 온 산에 울려 퍼지고 나서야 끝이 났다.

불륜

　남편이 골프를 시작하면 아내들이 꼭 준비해 주어야 하는 것이 있다. 바람막이이다.
　등산과 동창회를 이어 골프장은 '3대 바람피우는 모임'으로 유명하다. 난 가 보지 못했지만 대전 대둔산에 가면 "등산을 빙자하여 바람피우지 맙시다"라는 글귀가 있다고 한다.
　요즘 여성 고객들이 많이 늘었다. 남성 회원만 있어 자부심을 갖는 골프장도 있다. 그럼에도 늘어나는 여성 고객의 수는 엄청나다.
　또한 여성 4인 골퍼보다 남녀 쌍쌍이 짝을 지어 오시는 고객들도 많이 늘었다. 100팀이 있다면 그중의 70~80%는 사실 남남이다.
　실제 부부는 10%에서 20%밖에 되지 않는다.
　만일 다른 팀에 남녀가 있는데 우리 팀만 남성 넷이면 부러운 눈으로 쳐다보고는 한다. 여성이랑 볼을 치는 것이 소원이라고 말씀하시는 고객도 있다.
　사모님이랑 치시면 되지 않느냐고 하면 가족끼리 무슨 재미냐고 와이프는 여자가 아니지 않냐고 반박하시는 분도 있다. 실제로 간통죄가 폐지되었을 때 쉬쉬하며 눈치 보던 회원들이 애인을 데려오기도 하고 당당히 얘기하는 경우도 있었다.

하지만 때때로 위험을 초래하는 경우도 있고 볼썽사나운 꼴도 많다.

사랑은 분명 미치지 않으면 할 수 없는 것 같다. 이성적으로 할 수 없는 행동과 말투를 어찌 그리 자연스레 하는지, 약을 먹은 듯싶은 때도 있다.

사람마다 다 다르긴 하지만 아무리 봐도 인물이 빼어난 것도 아니고 성격이나 성질이 좋은 것도 아니다.

그렇다고 수준이 높은 것도 아닌데 참 끼리끼리 잘도 어울린다.

1

대구 지역의 고객은 진행을 재촉하면 깝치지 말라거나 나대지 말라는 말을 아무렇게나 사용한다. 하지만 수도권에서의 그 어감은 매우 기분 나쁜 좋지 않은 말투다. 대구분들에게도 여쭤봤더니 아무렇지 않게 사용하는 일반적인 언어라고도 하고 본인들도 좋은 어감이 아니라고 하는 거 보면 어떤 이들에게는 조심스러운 말인 듯하다.

전반을 마치고 쉬었다 후반 경기를 들어가는데 앞팀이 출발했다고 플레이 준비를 부탁했지만 그늘집에서 도통 일어나지 않는 고객이 있다. 하는 수 없이 늦게 출발하게 되었는데 중년의 이 여성분은 너무 느리게 플레이를 했다.

"고객님 이 홀만 조금 서둘러 주세요."

"언니 깝치지 마. 내가 알아서 할 테니까 깝치지 마."

"고객님. 고객님 동네에서는 그 말이 아무렇지 않은 줄 모르나 제가 듣기에는 그렇게 좋은 어감으로 들리지 않습니다."

"내가 언니 듣기 좋으라고 하는 말인 줄 알아?"

순간 나는 더 이상 상대하고 싶은 생각이 없어졌다.

그러자 그 애인은 눈치를 보았다.

난 몇 홀을 가는 동안 말수가 확 줄었고 뭐 저런 여성이 다 있나 싶어 일에만 몰두하고 함께 어울리지 않았다.

두어 홀이 지나자 그녀의 애인이 내게 조용히 와서 그냥 이해하라고 타이르셨다. 만약 내 애인이 그랬다면 난 그러지 말라고 말했을 것이다.

한번은 여성은 매우 예쁘고 날씬했으며 심성도 좋아 보였다. 하지만 그의 애인은 볼이 잘 맞으면 좋은 사람이었지만 볼이 안 맞으면 화를 불같이 내며 클럽을 집어던졌다. 그러면 그 애인이 조용히 가서 클럽을 집어 오곤 하였다. 도대체 저 여성은 왜 저 남성을 만날까. 남성이나 여성이나 누구를 만나느냐는 매우 중요하다. 서로에게 선한 영향력을 끼치는 짝을 만나야 하지 않겠는가.

2

부인이랑 같이 왔을 때와 애인이랑 왔을 때를 비교해도 애인이 부인보다 결코 낫지도 않다.

참으로 희한한 일이다. 어느 날은 급경사 커브 길인데 굳이 조수석 남성의 무릎에 애인이 앉아 있었다. 비가 예보된 날이어서 구름이 잔뜩 끼었는데 전날 애인이랑 밤을 보내고 같이 볼을 치면서 빗

방울이 한 방울이라도 떨어지면 벼락 맞을지 모르니 바로 플레이를 멈추자고 말했다. 고객님은 플레이 도중 아내에게서 장인어른이 돌아가셨다는 전화를 받았지만 급한 일이 있다고 저녁에 가겠노라 답을 하고 플레이를 이어 갔다. 더 어이가 없는 것은 애인이 그 옆에서 다 듣고 있었지만 들어가 봐야 하는 거 아니냐고 한마디도 하지 않고 둘은 웃으면서 18홀을 다 끝냈다.

3

  플레이 도중 딸에게서 전화가 걸려 오니 너무 다정하게 받는 고객님이 있었다. 너무 다정해서 순간 나도 저런 아빠가 있으면 좋겠다고 잠시 생각했었다. 전화를 끊고는 핸드폰 화면에 부인과 다정하게 찍은 사진을 내게 보여 주며 예쁘지 않냐고 자랑을 하기도 했다. 부러울 만치 좋은 아빠 좋은 남편이었다.
  하지만 그 모든 것은 곧 환상으로 끝났다. 잠시 후 4명의 고객은 각자 애인과 모텔에 갔던 이야기를 털어놓고 수다를 떨었다. 이런….
  그들의 가족은 두 얼굴의 아빠와 남편을 모를 것이다.

4

  애인이랑 들키지 않으려고 일본에 가서 데이트를 즐긴 커플은 일본에서도 들켰다고 푸념을 하고 이혼을 하고 싶은데 부인이 이혼을 안 해 준다고 하소연하기도 했다. 아마도 그 젊은 남성은 돈을 많이 버는 듯했다.

연세가 50대 후반에서 60대 초반쯤 되어 보이는 고객은 어린 애인을 데리고 왔는데 그녀의 나이는 32살이었다. 문제는 이 남성이 자신의 딸을 자랑하고 싶었던 것이다.

다른 고객들과 내게 9시 뉴스에서 상 받는 딸의 모습 ― 무슨 상이었는지는 기억나지 않지만 무언가 대단한 일을 한 듯했다 ― 을 보여 주며 한창 자랑을 늘어놓았다. 딸의 나이는 31살이었다. 차라리 자랑을 안 했으면 좋았을 것을…. 안타까웠다.

그뿐 아니라 페어웨이를 손을 잡거나 허리를 감싸고 뽀뽀를 하면서 산책을 즐기는 고객도 있다. 장난이긴 하지만 그럴 때 나는 가끔씩 그 두 사람 사이를 억지로 갈라놓으며 가로질러 가기도 했다.

5

P는 어제 애인이랑 플레이를 하고 오늘 부인이랑 골프장을 찾았는데 하필이면 어제 나갔던 캐디를 배정받았다.

그 캐디는 반가운 마음에 인사를 한다는 것이 "어머, 오늘은 어제 같이 오신 여성분이랑 다르네요"라는 말을 해 버렸다. 지인들과 조인을 한 상태에서 부인은 삐져 있었고 남편 P는 안절부절…. 그날의 플레이가 엉망이었던 것은 더 말할 나위가 없다.

P는 플레이가 끝난 후 캐디에게 컴플레인을 걸었다. 며칠 후 내가 P를 모시게 되었을 때 아직도 분이 안 풀려 하소연을 하셨다.

"내가 그날 출장 간다 그러고 애인을 데려왔고 와이프에게 미안해서 다음 날 데리고 왔는데 그 정신없는 캐디 때문에 정말 이혼할 뻔했어. 그날 집에 가서 난리도 아니었어. 달래느라…. 캐디가 그런 거는 알아서 눈치껏 넘어가야지 원. 남 이혼시키려고 작정을 했나 눈치 없게…."

6

70대 할아버지 두 분과 50대 여성분 둘이 짝을 지어 오셨다. 간통죄가 폐지되기 전인데도 불구하고 첫 홀 티잉 에어리어에서 한 할아버지께서 당당히 말씀하셨다.

"언니야, 우리가 불륜이긴 하지만 그렇게 찐한 사이는 아니다."

첫 홀이 오르막 홀인데 노랑 옷의 애인인 여성분이 너무도 천천히 걸어가셨다. 하… 큰일이다.

그 모습을 보시던 다른 할아버지께서 말씀하셨다.

"저분 플레이가 좀 늦네…."

"그러게요."

"다음 홀에 가서 언니가 좀 뛰라고 해."

"네."

다음 홀에서도 진행도 안 되고 여전히 걸어 다니시는 여성분 곁으로 가서 조용히 말했다.

"고객님 조금만 뛰세요."

이 여성분 그 얘기를 듣더니 애인 할아버지에게 뛰어가서는 "오빠! 저 언니가 나보고 뛰래!"라며 일렀다. 그 얘기를 들으신 애인 할아버지는 "그래? 뛰지 마 뛰지 마." 하며 달래셨다. 그때 70대의 할아버지 고객은 10년이 넘은 지금 살아는 계시는지….

7

50대의 그들은 부부 동반이었는데 몹시도 가까운 지인들 같았다. 언뜻 보면 친한 이웃 같아 보여 보기에 좋아 보였다. 하지만 시간이 지날수록 이상한 느낌이 들어 왔다. A와 B가 부부이고 C와 D가 부부였는데 A의 아내 B의 볼이 오비가 나면 D의 남편 C가 같이 가서 볼을 찾아다 주었다. 가까운 사이니 그럴 수도 있겠지만 매번 매 홀 둘이 같이 볼을 찾으러 숲으로 뛰어가고 반대로 A와 D는 둘이 카트에서 내리지를 않았다.

  그들도 이상한 것이 둘이 뒷좌석에 앉아 무슨 그리 재밌는 얘기를 하는지 다른 사람에겐 관심이 없었다. 그러다가 페어웨이를 이동하는 중 옆으로 갈대숲이 우거져 있는 곳이 있는데 B가 걸어가겠다며 먼저 출발하였다. 조금 이따 C도 걷겠다며 뒤따라갔다. 카트는 늦게 출발해도 사람보다 빠르다. B가 갈대숲으로 걸어 들어갔다. 잠시 후 두 사람이 갈대숲에서 같이 나왔다. B가 C를 기다려 같이 나온 듯….

  나만 이상하게 느끼는 건가?

진상

골프는 매너 운동으로 손꼽힌다.

여러 사람이 같이 하는 운동이므로 더욱 그러할 것이다.

대부분의 사람들은 서로 양보하고 배려하며 재미있고 멋지게 플레이를 이어 가지만 간혹 자신의 성질을 못 이기거나 화를 다스리지 못하거나 혹은 핑곗거리를 찾아 화풀이를 하는 경우가 있다.

골프가 재미있는 운동인 것은 나 빼고 모든 것을 핑계로 삼을 수 있기 때문이다.

참으로 이상한 것은 진상 고객은 십수 년이 지나도 그 이름도 잊히지 않는다는 것이다.

골프장에 자주 오는 고객들 중에는 자기가 골프장의 뭐라도 되는 듯 착각하는 고객들이 있다.

캐디들에게 명령하며 주인 행세를 하기도 하고 사장님이나 회장님도 아닌 경기과나 예약실 직원을 잘 아는 듯 그들의 이름을 거론하며 목이 뻣뻣한 고객도 있다.

그런 이들은 티 오프 시간에 촉박하게 와서 밥을 먹고 나오기도 하고 뒷팀 패스 요구를 너무 자연스레 외치기도 했다.

그런 이기주의는 일찍 출근해서 퇴근 시간을 기다리는 캐디의 입장이나 먼저 와서 기다리고 있는 동반자의 입장은 고려하지 않고 자신의 입장에서만 논한다. 그까짓 한 팀이 뭐라고… 하는 식이다. 하지만 그토록 아까워하는 자신의 시간 때문에 한 팀 내에 피해를 감수해야 하는 다른 사람의 시간도 포함되어 있음을 알아야 한다.

그나마 한 팀은 다행이다.

자신이 여유롭게 다 먹고 나올 때까지 뒷팀의 패스를 요구하는 대책 없는 고객도 있다.

골프장도 손님을 어떻게 대하느냐에 따라 손님의 질이 많이 달라지기도 한다.

1

어느 골프장에 자주 오는 고객 중 한 명은 볼은 안 치고 캐디들이 사용하는 매직 블록으로 코스를 옮겨 다닐 때마다 하얀색의 자신의 골프 백을 공들여 닦았다.

어떤 캐디가 가지고 있다가 살짝 나뭇가지 같은 데에 긁혀 새로 사 달라고 요구해서 캐디가 새로 사 준 가방이라고 했다.

또 다른 경우는 전에 알던 동료도 클럽 하나를 잃어버렸는데 그 고객이 세트로 새로 사 달라고 요구해서 풀 세트로 사 준 경우가 있었다.

진상 101

2

광장에서 커버를 벗겼는데 드라이버 커버가 부러져 있었다. 오래된 클럽이었다. 다행히 동반자들이 같이 보고 있었는데 그 주인은 이게 왜 부러졌냐며 지난번까지도 잘 사용하던 거라고 말을 흐렸다. 새로 사 달라는 어감을 풍겼는데 다행히 동반자들께서 "쓸 만큼 쓴 채잖아. 오래됐다. 부러질 때 한참 지났다."라고 얘기를 해 주셔서 그분도 더 이상 얘기를 못 하셨다.

3

광장에서 커버를 벗기겠다고 말씀드리고 벗기는데 아이언 클럽 커버가 하나 없어서 "고객님 몇 번 클럽 커버 없으십니다"라고 말씀드리고 확인하는데 그 고객이 "지난번 캐디 년이 잃어버렸어"라고 하셨다.
"네? 캐디 년이요?"
지난번 경기가 안 좋았을 수는 있지만 새로운 날 새로 만난 캐디에게 지난번 캐디 년이라니….

4

2019년 여름은 너무 더웠다. 숨이 막혀 죽을 뻔했을 때 겨우 여름을 벗어났던 기억이 있다.

60이 넘고 덩치가 좀 있는 분이신데 50대 후반의 여성분이랑 오셔서 그 여성분의 볼을 주워 주러 온 산을 헤매었다.

　땀은 줄줄 흐르고 보기에도 불쌍해 보였지만 쉬지 않고 뛰어다녔다. 두 사람의 볼을 주우니 오죽하겠는가….

　남성분은 베이지색 얇은 바지를 입고 오셨는데 땀으로 흠뻑 젖어서 온몸을 감싸고 있었다. 속옷을 입지 않은 상태였다. 본인만 모르고 다른 사람 눈에만 보이는 이상한 그림이 연출되었다. 여성분 한 분이 계셨기 때문에 난 몹시도 신경이 쓰였다. 그 고객의 볼은 항상 페어웨이를 너무 넓게 사용하였다. 나는 누가 볼까 두려워 그 고객의 뒤만 따라다니며 엉덩이를 숨겨 주기 바빴다. 아는지 모르는지 신경도 쓰지 않는 모양새다. 보다 못했는지 다른 동반자 남성분이 "야. 너 나인 돌고 들어가서 팬티나 입고 나와." 하셨다. "보여? 나 원래 속옷 입는 거 싫어해." 하시더니 후반에도 그 모습 그대로 플레이를 하셨다.

　그 후로도 속옷을 입지 않는 고객들을 종종 본다. 본인들은 답답하다고 하시는데 겉옷 색깔이라도 좀 신경을 써 주시면 좋겠다. 한 젊은 여성분은 속옷을 안 입었는데 얇은 주황색 반바지를 입고 남성들과 플레이를 하기도 해 민망한 적이 있다. 흰 바지에 빨간 속옷이나 물방울무늬 속옷이 훤히 들여다보이는 얇은 겉옷은 생각 좀 하고 입으면 좋겠다.

　어느 날은 50대 여성분이었는데 플레이 도중 옷에 소변을 보셨다. 플레이를 멈추고 들어가서 옷을 갈아입고 나오시는 게 어떠냐고 물었는데, 스타킹에 양말까지 젖었음에도 괜찮다고 그냥 치신다고 하셨다. "괜찮아, 그냥 말리면 돼"라고 쿨하게 대꾸하시고 남성 고객들도 있었는데 볼 치는 게 얼마나 재밌다고…. 혼자 신나서 웃으며 열심히도 뛰어다니셨다. 그럴 때면 같은 여성으로서 수치심이 고스란히 내게로 돌아왔다.

5

K 골프장에 근무할 때였다. 새벽 세 번째 팀을 배정받았는데 다리를 저는 회원 부인과 그녀의 지인 부부와 회원 한 명이 플레이를 나왔다. 회원 부인은 다리가 아프니 꼭 태워 가라며 카트를 자기 중심으로 두었다. 풀 속이나 나무 밑으로 들어간 볼을 치기 쉬운 곳으로 꺼내서 두었더니 건드리지 말라고 하셨다. 안 그래도 바쁜 아침에 앞팀과의 간격은 점점 벌어지는데 플레이는 도통 속도가 붙질 않았다. 거기에 같이 온 동반자 여성분과 회원은 멀리건까지 치겠다고 했다.

앞팀은 이미 한 홀 반을 앞질러 가고 있었다. 나는 안 되겠다고 하였지만 회원은 막무가내로 멀리건을 쳐 버렸다. 나는 지인분에게 지금 플레이가 앞팀과 너무 떨어져 있으니 멀리건은 다음에 사용하시라고 말씀드린 후 이동을 하였다.

그때부터 그 지인은 삐져서 성질을 부리기 시작했다. 속은 타들어 가지만 난 온 맘을 다해 달래고 얼렀다. 지금은 앞팀과의 간격이 너무 떨어져 어쩔 수 없으니 다음에 기회를 드리겠다며 죄송하다고 손이 발이 되도록 빌었다. 그래도 그녀의 마음은 서운함이 풀리지 않는 모양이었다. 그까짓 멀리건 하나 쓰는데 뭐가 안 된다고 못 쓰게 하냐는 것이다. 에휴…. 그렇게 끝난 플레이에 난 앞팀을 따라가지 못해 애만 쓰고 벌당이 나왔다. 벌당이란 하루 종일 출근해서 잔심부름만 하고 청소만 하다가 돈도 못 벌고 퇴근하는 것이다. 차라리 굽신대지나 말걸. 괜히 그 마음 풀어 주려다 내 맘에 생병이 나고 있었다.

6

늦가을 새벽 첫 팀으로 조인을 한 그들은 70대 할아버지 두 분과 30대 초반과 40살이 갓 된 젊은 남성 두 분이었다. 날은 춥고 첫 팀인 관계로 진행을 좀 빼 줘야 하는데 클럽하우스에서 식사를 하느라 광장에 늦게 내려오셨다. 서둘러 티를 올라갔는데 전혀 서두르는 기색이 없다. 아직 어두움이 채 가시지 않은 상태여서 볼이 날아간 방향으로 대충 알 수 있었다.

젊은 남성 둘은 천천히 걸었다. 세컨에서 볼을 발견하고서 쓱 보더니 그냥 갔다. "고객님 그 볼 뭐예요?"라고 물어도 이름 좀 얘기해 주는 게 뭐 어렵다고 대꾸도 안 하고 가 버렸다. 아직 이른 새벽에 잘 보이지 않으므로 한 사람 한 사람 따라다녀서 볼이 나는 방향을 뛰어다니며 뒤에서 봐야 하는데 그들은 클럽도 빼 들지도 않았다.

얼마 후 진행이 왔다. "첫 팀이니 조금만 서둘러 주세요"라고 하니 할아버지들은 뛰시는데 이제 갓 서른이나 되어 보이는 가장 어린 고객이 신경도 쓰지 않고 천천히 걸었다. 참 못 배웠다. 그 고객은 40대 남성을 그대로 따라 하고 있었다. 40살이 된 남성도 똑같았다. 말하는 모양새도 완전 놀새족이다. 건들건들 얄밉다. 뒷팀은 뭐가 좋은지 신났다.

  굿 샷의 소리가 온 산을 흔들었다. 40살이 된 이 고객이 7번 그린에서 멈추어 시끄럽다며 패스하라고 했다. 듣는 둥 마는 둥 얄미워서 "얘기했어요"라고 말하고 똑같이 대꾸를 하지 않았다. 경기 종료 후 1부, 2부 텀도 없고 바쁜데 — 미리 좀 얘기하지 — 현금이 없다고 계좌 번호를 부르라고 폰을 들이댔다. 얼른 헤어지고 싶었다. 다시 만나고 싶지 않았다.

7

  가을 안개가 유독 심한 날 조인으로 40대 젊은 남성 둘과 부부가 왔다. 안전사고에 대해 안내하고 사인을 받으며 말했다.

  "볼이나 카트 앞으로 나가서 사고가 난다든지, 볼을 찾으러 해저드에 들어간다든지 해서 사고가 나면 안 된다는 내용이에요."

  그러자 40대 젊은 프로라는 남성이 "내가 카트에서 떨어지면 누구 책임이야?"라며 거칠게 묻는다. 큰 소리로 또박또박 대답했다.

  "카트를 타실 때는 손잡이를 반드시 잡아 주십시오."

  전반 내내 심한 안개 때문에 일일이 뛰어다니며 볼을 보는데 젊은 두 남성 클럽 하나를 빼 가지를 않았다. 거기에 동생이라는 남성에게 코치를 하고 상대방 여성분에게 그린 퍼터가 끝난 후에도 다시 쳐 보라며 코치를 하고 있었다. 나에게는 안개가 언제 걷히냐며 짜증을 냈다. 어르고 달래며 나인을 돌았다.

"수고하셨습니다. 좀 쉬었다 나오시면 안개가 걷힐 거예요. 후반까지 걷히지 않은 날은 없었으니까요."

그러자 그는 "안 걷히면 어떡할 거야, 어? 책임질 거야? 내 동생 기분 안 좋아 보이는 거 안 보여? 책임질 거냐고! 캐디피 안 준다?"라며 협박을 했다.

"걷혀요" 하고 대꾸도 하지 않았다. 후반 세 번째 홀까지도 안개가 너무 심했다. 네 번째 홀에서부터 안개가 걷히기 시작했는데 그때부턴 스코어를 조작까지 하였다. 뻔히 안 들어갔는데 나에게 조그만 소리로 말했다.

"버디야. 버디 써."

나는 아무 말 안 하고 그의 얼굴을 쳐다봤다. 다음 홀에서도 "파야. 파라고 써." 하며 더블보기를 파로 기입해 달라고 했다. 무슨 프로가 저 모양인지. 보다 못한 옆 조인 부부가 한 분씩 나에게 돌아가며 "그렇게 조인을 다녀도 저렇게 매너 없는 사람들은 처음 본다. 언니가 화내지 말아라."라며 위로를 해 주었다. 진행이 늦어 조금만 서둘러 달라고 하면 "그럼 나 안 치고 더 늦게 간다?"라며 생떼를 부린다. 경기가 끝났을 땐 두 번 다시 보고 싶지 않았다. 조인을 와서 다른 나이 드신 부부는 조용한데 그 사람은 너무 매너가 없었다.

8

 대학 선후배쯤 되어 보이는 관계의 그들은 오랜만에 만난 듯했다. 세 명의 플레이였기에 진행이 빨랐다. 홀마다 볼이 아웃되어서 두 남성이 멀리건을 쳤지만 진행에 문제가 없었기에 그냥 상관하지 않았다. 6번 홀에 갔을 때, A는 자신의 어머니에게서 온 문자를 이야기하고 있었다. 친척 집에 일이 있는데 아버지는 큰아들인 A에게만 얘기를 해서 오라고 했고, A는 대표로 부모님을 모시고 가기로 했는데 가족들 단톡방에 어머니가 글을 올려 다 모이라고 했다는 것이다. 어머니는 친척들에게 자식들을 보여 주고 싶으셨던 거였다. 하지만 며느리 입장에서는 부담스럽고 싫으니 부부 사이에 분란을 일으키는 처사라며 왜 그러는지 모르겠다고 푸념을 했고, 그의 선배인 L은 부모의 입장을 이해한다는 얘기였다. 나도 나이가 들고 자식의 입장과 부모의 입장을 이해하게 돼서 그걸 이해하시는 L이 감사하기까지 했다. 그 홀에 매트가 깔려 있었는데 A는 매트가 깔린 것에 불평을 했다. 6번 그린에서 볼을 닦아 놔 주면서 L에게, 고객님이 부모의 입장을 이해해서 다행이라고 조용히 말씀드렸는데 A가 듣고 그렇게 말하면 안 된다고 내게 훈계를 했다.
 "내가 52살인데 그렇게 말하면 안 돼."
 나는 황당했다. L은 그 말을 듣고 잔디 매트 얘기가 아니라 부모님 얘기라고 해명을 했고 A는 오해를 했는지 조용했다. 후반 6번 홀에서도 문제의 매트를 발견하고 A는 또 매트 얘기를 했다. 골프장이 문제라는 것이다. 나는 겨울이기도 하고 코로나로 고객이 많아 잔디 보호 차원에서 지금은 다른 골프장도 매트를 설치한다고 조용히 말씀드리며 지금은 어쩔 수 없다고 얘기했다. 갑자기 정색을 하더니 코로나 때문에 어찌하지 못하는 그런 고객의 심리를 이용해 장사를 하는 것은 잘못됐다고 했다. 장사꾼이 고객의 심리를 이용해 장사하는 것은 당연한 것 아니냐고 반문했더니 A가 갑자기 성질을 냈다.

"언니가 회장 딸이야? 그렇게 얘기하면 안 되지. 캐디가 고객의 입장에서 얘기해야지. 언니가 그렇게 말한 이후로 볼이 안 맞아."

고객이 몰아붙이자 중간에서 분위기는 싸해지고 L이 "그만해라. 갑자기 왜 그러냐."라며 조용히 타일러서 나는 입을 다물었다. A는 화가 풀리지 않아 씩씩거리는 게 느껴졌다. 그 사이에 K는 눈치를 보고 있었다. 별일도 아닌 그 일에 분위기는 다운되고 마지막 4홀은 그냥 조용히 돌았다. 한겨울에 티잉 에어리어에 매트가 깔리지 않은 골프장이 몇 개나 되는가? 그다지 좋은 골프장에 안 간 건지 못 간 건지 그저 그런 평범한 골프장에서 좋은 사람들 접대하면서 엄청 좋은 곳만 찾아다닌 듯한 핑계를 대지만 눈에 보이고 느껴지는 건 자신의 수준이 그다지 럭셔리해 보이지 않는다는 것이다. 그린피 한 30만 원 되는 S 골프장에 가면 10분 티 오프에 경치도 잔디도 외국 골프장 못지않게 최상이라지 않는가. 플레이를 마치고 18홀 그린을 벗어나자마자 A는 캐디피를 자신이 내겠다며 내게 건네주었다. 광장에서 경기팀장을 만났는데 아직도 화가 풀리지 않아 씩씩거리며 "캐디 교육을 잘 시켜라. 기본이 안 되어 있다."라고 일장 연설을 했다. 카트에 앉아 조용히 듣기를 끝내고 주차장으로 이동해서 백을 내렸다. 가는 동안에도 씩씩거리며 캐디피가 아깝다며 한참을 얘기했다. 그러고도 나를 세워 놓고 분풀이를 마저 했다. 그렇게 캐디 하면 안 된다. 내가 골프장 다니며 오버피 안 준 적은 처음이다. 언니는 캐디피가 아깝다 등등…. 나는 조용히 두 손을 모으고 물었다.

"고객님 오늘 제가 뭘 그렇게 잘못했나요? 말씀해 주세요."

A는 어이없어하며 말했다.

"당신은 알려 줘도 절대 못 고쳐."

"말씀해 주세요. 제가 듣고 고쳐 보겠습니다."

"당신은 다 잘못했어."

나는 다른 두 동반자를 보며 물었다.

"그럼 두 분이 얘기 좀 해 주세요. 오늘 제가 뭘 그렇게 잘못했나요?"

두 사람은 난감해하며 아니라며 괜찮다고 말했다. 하지만 누구 편도 들지 않았다.

전에 어떤 골프장은 금액별로 회원권이 있었는데 억 단위도 아니고 삼천만 원짜리 회원이 어느 한 캐디한테 갑질을 하니 그 캐디가 그까짓 회원권 나도 살 수 있다며 한심스러워했다. 누가 보기에도 내가 확연히 잘못했다면 그 사람들이 가만히 있지 않았을 거지만 그들도 할 말이 없는 게 당연했을 것이다. A가 말했다.

"당신이 회장 딸이야? 왜 고객 편에서 얘기 안 하고 회사 편에서 얘기해? 그리고 내가 이 비싼 돈 주고 좋은 사람들이랑 대우받으러 왔지, 기분 나쁘려고 왔어? 당신이 기분 다 망쳤다. 돈이 아깝다."

그 사람 돈을 돌려주고 하고픈 말을 다 하고 싶었지만 캐디피로 대우받으러 왔다는 말에 난 안녕히 가시라고 하고 뒤도 돌아보지 않고 왔다. 그의 캐디피는 캐디피가 아니라 정신적 스트레스 값으로 그냥 챙겼다. 그는 내가 참고 있다는 것을 알고 있을까? 동반자들은 그런 그를 어떻게 생각할까. 그날 그가 나에게 대우받기를 원했던 그린피는 15만 원이었다. 그것도 코로나 시국 주말이었다. 15만 원의 그린피는 당연한 것은 아니지만 상대적으로 비싼 것도 아니었다. 플레이 도중 그도 동반자들과 주말에 15만 원은 싸다고 얘기했었다. 난 만약 15만 원에 대우받기를 원해 사람을 함부로 대하는 친구가 있다면 그날로 연락을 끊었을 것이다.

9

  40대 중반의 남성분이 지인 동생들을 데리고 볼을 치시는데 첫 홀과 두 번째 홀을 싹쓸이했다. 그분만 볼을 좀 치시고 다른 세 분은 비기너들로 볼이 사방으로 가서 더블파였다. 오르막 두 번째 홀에 벌써 많은 돈을 따고 아웃하면서 커피를 벌컥벌컥 마시더니 어지럽고 속이 매스꺼워 못 치시겠다고 진행 카트를 불러 달라고 했다. 진행 카트를 타고 좀 쉬었다가 후반에 합류하기로 했다. 왜냐하면 모두 한차로 오셔서 먼저 가실 수도 없었다.

  그렇게 세 분이 플레이를 하고 나인을 돌았는데 쉬겠다고 했던 분을 동반자들이 찾으니 혼자서 119를 불러 타고 병원으로 가서 검사 중이라고 했다. 경찰에도 본인이 신고해서, 클럽하우스에서 커피에 뭔가를 탄 것 같다며 성분 검사를 의뢰하겠다고 남은 커피까지 다 가져가셨다. 섞이지 않게 색깔별 스티커로 구분해 두었는데 자신의 커피에 뭔가 표시를 한 것 같다고 오해한 것이다. 동반자들이 검

사는 언제 끝나냐고 물었더니 세 시간은 걸린다고 했다. 본인의 차 키를 가지고 가신 것이다. 한 대의 차량으로 왔으니 나머지 셋은 돌아갈 길이 막막하게 되었다. 그들은 몇몇에게 전화를 해서 데리러 오라고 연락을 취했다. 후에 그가 동반자들의 돈만 따먹고 '먹튀'했다는 풍문만 나도는 가운데 그날 동반자들은 난감해하며 돈만 쓰고 갔다.

10

경상도 남성 8명이 1박 2일로 볼을 치러 오셨다. B는 광장에서 대기하며 카트 바디에 발을 올려 신발 끈을 묶고 있었다. 여기서 이러시면 안 된다고 발판에 올려놓고 하시랬더니 허리 아파 못 한다고 하셔서 허리를 굽혀 무릎을 꿇고 묶어 드렸다. 그게 기분이 안 좋은 일 중에 하나였나 보다.

첫 티에 티 샷 준비를 하는데 K1이 폰을 두고 왔다고 했다. 어디에 두셨냐고 물었더니 모른다고 하였다. 무전으로 연락을 달라고 하셔서 경기과에 연락을 해서 레스토랑, 화장실, 프런트까지 뒤졌지만 나오지 않았다. 로커도 뒤져 달라고 하셔서 경기과에 전화를 했는데 경기과에 사람도 없고 당번 혼자 있는데 남의 로커를 뒤지기도 어려운 상황이니 나인 돌고 직접 하시는 게 좋겠다고 해서 K1에게 그대로 말씀드렸다. 그럼 그렇게 하기로 하고 티 오프 시간에 맞춰 출발을 하였다. 하지만 P를 제외하고 나머지 세 분의 볼은 엉망이었다. 네 번째 홀에 갔는데 볼을 퍼덕이던 K2가 갑자기 나에게 화를 냈다.

"사람이 폰 때문에 볼이 안 맞는데 경기과에 전화해서 연락해라."

나는 황당해서 "아까 전화드렸어요"라고 대답했는데 그는 그 말에 더 성질을 냈다.

"그까짓 거 전화 한 번 하는 게 뭐 어려운 일이냐. 고객이 그것 때문에 볼이 안 맞는 게 안 보이냐?"

첫 홀부터 세 사람의 볼은 엉망이었는데 갑자기 폰 때문이라니⋯. 나는 죄송하다고 사과를 하면서 연락해 보겠다고 했다. P는 조용히 내 어깨를 두드리며 "너무 맘 쓰지 마라"라고 했다. 나는 웃으며 "네"라고 했다.

5번 홀 티에 가니 조금 미안했는지 K2는 조금 누그러진 말투로 미안함을 나타냈다.

"내가 갑질을 하려는 게 아니고⋯ 뭐가 어렵다고⋯ '전화했어요'라고 대답하는 건 아니다."

그러면서 본인들이 치고 있을 테니 내 카트로 같이 가서 찾아오라고 하셨다. 난 다시 전화를 했다. 하지만 경기과에서는 "지금 사람이 없어서 찾아 줄 수 없고 VIP가 내장해서 바쁘다"라는 대답뿐이었다. 나는 "당번이라도 보내 달라, 직접 찾으러 가신다고 하신다"라고 했지만 다시 연락이 온 건 "안 된다"였다.

할 수 없이 K1에게 "지금은 사람이 없어 어쩔 수가 없으니 나인 돌고 차량 안을 한번 뒤져 보세요"라고 했더니 알겠다고 했다. 가시방석 같은 전반을 웃으며 어르고 달래서 아웃을 하고 광장에 있을 때 "차량에 한번 가 보세요"라고 재차 말씀드렸다.

스트레스 때문인지 난 많이 지쳐 있었다. 쉬었다 나와서 후반 들어가기 전에 다시 확인을 했더니 차 안에 있었다고 했다. 그리고 그늘집에서 네 사람은 본인들이 너무 심했던 거 같다고 얘기했다며 미안함을 표시했다. 그래도 나쁜 사람들은 아니어서 후반은 즐겁게 마쳤다.

11

요즘 40~50대는 어쩌면 질풍노도를 달리는 '중2'보다 더 무섭기도 하다. 50대 여성 두 사람이 조인을 했는데 동반자의 40대 남성 두 명이 동반을 하게 되었다. 그 여성들은 남성들에게 매우 적극적으로 대시했고, 남성들은 매너 있게 농담을 잘 받아 주었다. 후반에는 여성 고객들이 처음 만난 남성 동반자들에게 내기를 제안했고, 어느 시점부터는 자기야 자기야 하며 터치도 망설임 없이 했다. 아무리 공을 들여도 남성들이 끝내 넘어오지 않자 뒤돌아 흉을 보기까지 하였다. 참으로 민망한 일이 아닐 수 없다.

12

한여름, 친구들의 모임으로 1박 2일 팀이었다. 남성 친구들 6명에 두 사람의 부인까지 해서 8명이었다. 남성들끼리 한 팀을 짜고 ― 그들은 볼을 좀 치는 이들이었다 ― 다른 한 팀은 부부 동반 팀이었다. 부부 동반 팀은 남성들이 골프를 배운지 얼마 되지 않아 그야말로 '골린이'였다. 그래도 그들의 체격을 보면 ― 40대 후반에서 50대 초반 정도의 나이를 보더라도 ― 티 샷의 거리가 어느 정도는 나야 하는데, 남성 티에서 티 샷을 하면 레이디 티를 간신히 넘어가고 볼이 직진을 하지 않았다. 골프 코스를 정말 넓게 사용하는 이들이었다.

진행이 늦는 건 당연하고 뻔뻔하기까지 하였다. 한 홀에서 티 샷을 7개를 하겠다고 했다. 세 사람이 멀리건을 쓰겠다는 것이다. 캐디가 조심스레 말했다.

"고객님 멀리건 쓰시는 건 좋은데 옆에서 동시에 좀 쳐 주세요!"

그러자 다리를 약간 저는 고객이 욕을 하기 시작했다.

"18…. 내 맘대로도 못 해? 저년 입 좀 다물라고 해."

"네? 저한테 지금 욕하신 거예요?"

"그래 욕했다 어쩔래. 야, 캐디 바꿔!"

결국 캐디를 교체했다. 보통은 캐디를 교체하면 두 번째 캐디와는 서로 조심하는 편인데 그들은 진행이 안 되었다. 같은 단체 팀인 친구들이 패스를 하자 "얼마나 빨리 가나 지켜보자"라며 늦으면 가만두지 않겠다고 욕에 욕을 하며 홀을 비우고 가는 플레이를 했다.

교체한 캐디에게도 함부로 하는 건 당연했다. 다음 날 자기들이 먼저 나가겠다고 해서 단체 2팀 중 먼저 출발을 했는데 하필이면 첫 팀에 그들이 배정되었다. 첫 팀에 따라 그날의 진행이 좌우되는데, 그들이 순탄하게 진행될 리가 없었다. 앞에 사람이 없으니 더 여유롭다. 거기에 조금 먼저 배운 친구가 이제 몇 개월 된 친구에게 코치까지 하고 있었다.

"내가 이렇게 볼이 안 맞지 않는데? 오늘 이상하네. 왜 이러지?"

하지만 그의 티 샷 거리는 100m를 간신히 넘는 정도다. 볼은 못 치고 멀리건을 치면서 여성들은 오비 난 볼을 찾으러 다녔다. 엄청 잘 치는 듯한 느낌을 풍기려 애썼다.

다리에 장애가 있는 고객은 정도가 더 심했다. 반말에, 욕에… 그러면서 캐디에게 "우리가 어제 캐디 체인을 했다. 우리도 이런 일이 처음이다."라며 변명을 늘어놓았다. 그들의 성적은 봐주고 봐줘서 기록한 스코어가 전반에 54, 64점이었다. 모든 장애인이 그렇지는 않겠지만 골프장에서 만난 그들은 사람들과 어울리는 법을 잘 모르는 듯하다. 이상한 자격지심을 가지고 있거나 더 큰소리를 치거나 자기가 뭐라도 되는 듯 갑질을 하려고 했다.

캐디가 바라본 장애인 고객은 그냥 고객일 뿐이지 장애인이 아니다. 하지만 그들은 자신의 결점을 스스로 드러내고 다른 이들을 괴롭히는 무기로 삼기도 한다. 더 큰소리치고 더 고집 피우고 우리가 그들을 좋지 않게 생각하는 듯 느끼는 모양이다.

13

동료 A는 아는 지인을 동반하였다.

지인은 아는 동생과 친구들과 함께 부킹을 하였다.

광장에서 A를 처음 봤을 때 지인은 A를 동반자들에게 아는 동생이라고 소개하였다. 한데 플레이를 하는 동안 그 아는 지인의 동생은 A의 설명에 자꾸 딴지를 놓았다. 동반자 누군가에게 70m 거리를 얘기하면 "아냐 아냐. 거기 50m만 봐."라고 딴지를 걸고, 그린에서 볼이 홀에 안 들어가면 캐디가 라이도 못 본다고 구박하고….

플레이 내내 동반자의 지인인 A에게 태클을 걸어 지인이 안절부절못했다고 했다.

나 또한 그런 고객을 만난 적이 있다. 거리를 얘기하면 옆에서 다른 사람이 칠 수 없게 계속 자신을 믿으라고 다른 거리를 강요했다. 그린에서 라이를 봐도 스피드와 속도에 따라 충분히 달라지는 라이를, 굳이 캐디 말을 무시하고 자기가 옳다며 캐디 노릇을 했다.

그리고 홀컵에 안 들어가면 캐디 탓이다. 그렇게 잘 아는 사람이 자신이 소신껏 보면 될 것을 캐디 탓은 왜 하는지 모르겠다. 그러다 들어가면 거보라고 자기 말이 맞았다고 어깨가 올라가며 으스댔다.

14

40대의 그들은 5인 플레이로 그 동네 주민들이다.

항상 티 오프 시간에 맞춰서 빈 카트가 광장에 대기하고 있으면 그제야 백이 나온다.

나는 개인적으로 담배를 몹시 싫어한다. 저 연기가 나를 죽일 거 같은 생각이 들 때도 있다. 직업상 어쩔 수 없이 담배 연기와 섞여 살지만 멀리 떨어지거나 숨을 참거나 하기도 한다. 눈치 좋은 센스 있는 고객은 멀리 떨어져서 피우기도 한다. 나에 대한 배려이다.

나는 고객님들에게 항상 뒤에 클럽 세척 통에 담뱃불을 담가 끄지 않기를 정중히 부탁드렸다. 그러면 대부분의 고객들은 알겠다고 하고 주의를 하셨다. 어쩌다 잊어버리고 습관으로 담그기도 하지만 순간 미안해하기도 하시고 신경을 써 주셔서 그런 실수를 나도 모른척 지나가기도 했다.

 그날도 나는 담배를 물고 계시는 고객을 향해 부탁을 드렸다. 그 중의 40대 초반의 한 사람이 나를 보고 히죽거리며 담뱃불을 세척통에 끌듯이 넣으며 "내가 여기다 끄면 어쩔 건데… 어쩔 거야?" 하며 놀렸다. 나는 "제가 싫어합니다"라고 똑똑히 말했다. 그는 "넣는다… 넣는다…" 하더니 기어이 거기에 담배를 담갔다.

 이건 실수가 아니라 그야말로 너무 무례한 행동이었다.

 난 순간 너무 화가 났지만 진정을 하고 물을 바닥에 쏟으며 "다시 떠 오겠습니다" 하고 물을 뜨러 가는데 뒤에서 고객들의 소리가 들렸다. "계집애 성질 있네"라는….

 새로 떠다 카트에 걸어 두니 두 명은 눈치를 보고 두 명은 나에게 타이르듯 화를 냈다. 당사자는 그들의 입김에 힘입어 "너 이렇게 나가면 코스에서 클럽 스무 번씩 바꿔서 괴롭힌다"라며 협박을 했다. 나는 당당히 "그렇게 하세요" 했다.

 옆에서 화를 내던 고객은 안 되겠는지 "야, 캐디 바꿔"라고 했다. 나는 바로 "그렇게 하겠습니다" 하고 경기과로 가서 팀장에게 보고했다.

 나는 짐을 정리하며 말없이 눈치 보던 두 고객에게 죄송하다고 즐거운 플레이 하시라고 말씀드렸고 들어와서 다른 팀을 나갔다.

 나인을 돌고 오니 팀장이 면담을 요구했다. 가서 얘기를 했더니 그 팀장은 그 사람이 무례하긴 했어도 그는 그래도 되는 사람이다, 라고 얘기했다. 내가 "그래도 된다고요?"라고 반문했더니 그는 "그 사람은 돈을 많이 버니까 그래도 돼"라고 했다. 이런. 그 사람이 돈을 얼마를 번다고…. 알고 보니 동료 캐디와 친척이었다.

몇 년 뒤 그 팀장은 회사에서 잘렸고 그 얘기를 퇴사한 동료에게 전했더니 수화기 너머로 너무 기뻐하는 환호의 소리가 들렸다. 그만큼 그 팀장의 정신 상태는 정상이 아니었다.

어느 날 동료 K가 동반하게 된 팀 남성분들은 비닐 봉투에 담배를 많이도 사 가지고 오셨다. 그토록 많은 담배를 보니 골초들임이 틀림없을 것이다. 그날 그녀의 컨디션은 감기 몸살로 좋지 못하였다. 휴무를 빼고 싶어 했지만 골프장에서 갑자기 몸살이 난 그녀에게 휴식을 주지 않았다. 할 수 없이 시름시름 플레이를 하고 있는데 많은 홀이 지나도록 아무도 사다 놓은 담배에 손을 대는 이가 없었다. 이상하다고 생각한 그녀가 물었다.

"왜 담배를 안 피우세요? 저 많은 담배 피우시려고 사 오신거 아니에요?"

"언니가 너무 아파 보여서 도저히 못 피우겠어서…."

"아~ 감사해요. 피우셔도 괜찮습니다."

"아냐. 우리도 괜찮으니까 빨리 건강해지세요."

모든 고객이 다 이와 같을 수는 없을지라도 너무 비교되지 않는가.

말이 없고 캐디들에게 별로 인기 없는 고객님 한 분이 계셨다. 그분은 내가 두 번째 플레이를 나갔을 때 담뱃불을 물통에 끄지 말아 달라는 부탁을 드렸었는데, 나의 부탁으로 '그걸 싫어하는 캐디도 있구나'라는 생각에 안 끈다고 하셨다. 그는 그 한마디에 자신의 습관을 바꾸신 거였다.

  나는 그분의 배려에 너무나 감동을 받았는데 그 한 가지 행동으로 그 고객이 너무나 좋아지기 시작했다. 불이 날까 싶어 안전하게 끈다고 그렇게 하시는 분들이 종종 있다. 그러면 나는 재떨이나 컵에 물을 넣어 드리고는 했다.

  후에 난 그분과 친해졌는데 그는 새로 생긴 연습장 사장님이었다.

15

  70대의 S는 매주 수요일마다 남편과 골프장을 찾았다. 우리는 그녀를 송 할머니라고 불렀다. 하지만 그날은 캐디들에게 스트레스다. 왜냐하면 그녀는 어떤 캐디가 나가도 사사건건 트집을 잡는 사람이기 때문이다. 맘 약한 캐디는 울고 들어오기도 했다. 견딜 수 없이 괴롭히고 함부로 대하기 때문이다.

  나중에 알고 보니 할아버지는 젊어서 의사셨는데 바람을 피우다 걸린 상대가 캐디였다고 한다. 그래서 시간이 많이 지났는데도 플레이 도중 캐디만 봐도 화가 불끈불끈 치밀어 오른다고 한다.

  언젠가 할아버지는 친구분들과 오셔서 엉덩이에 똥을 지리신 것도 모르고 신나게 뛰어다니시더니 안 오신 지 한참 되어서 자주 오시던 동반자에게 물었더니 병석에 누워 계신다고 했다. 그런데도 여전히 싸우신다고 하셨다. 할아버지는 병석에서 병문안을 온 친구들에게 왜 사람들이 첩을 두는지 알겠다고 하셨다고 했다.

16

60대의 어느 고객은 그린 앞턱이 높은 벙커에 빠졌는데 몇 번을 쳐도 빠져나오지를 못했다. 치고 치고 또 치자 동료들은 들고 나오시라고 말렸지만 이미 늦었다. 결국 벙커에서 나오시며 클럽을 집어 던졌다. 그러고는 깜짝 놀란 나를 보시고 "미안해. 언니 때문이 아니야." 하셨다.

잠시 후 또 클럽으로 땅을 치시며 "미안해, 미안해" 하더니 몇 홀 지나면서 또 클럽으로 땅을 치며 "미안해. 언니 때문이 아니야. 내 스스로 화가 나서 못 참겠어." 하셨다.

또 한 번은 동반자가 내기를 하는데 핸디를 받기 싫다고 하는 사람에게 본인이 고수라고 생각했는지 핸디를 돈으로 계산해 나누어 주셨다. 그 돈을 받은 회원은 플레이 내내 볼이 안 맞았다. 잘 치시는 분인데 볼도 안 맞고 그럴수록 말수도 줄었다.

몇 홀이 지나니 조용히 내게 말씀하시길 "내가 어디 가서 핸디 받는 사람이 아닌데 핸디를 받는 순간부터 너무 자존심이 상했다"라고 하셨다.

어떤 이는 핸디 달라고 징징거리기도 하고 어떤 이는 핸디가 자존심이 상한다고 하기도 하고….

17

P는 첫 플레이 당시 너무 재미있고 좋았다. 그는 40대였고 세 분

의 회원은 60대였는데, 회원님들이 P를 극진히 대우해서 한 회원님에게 왜 그러시냐고 여쭸더니 P가 어마하게 돈이 많다고 말씀하셨다.

P는 그날 플레이를 끝내고 가시면서 연락하고 싶다며 내게 카톡 아이디를 달라고 할 정도로 만족스러워했다.

한 일 년쯤 지나고 P를 다시 만났다. 보통 캐디가 받는 부킹지에는 회원과 비회원이 표기되어 나온다. 우리가 잘 모르는 고객도 그걸 확인하고 회원님 또는 고객님이라고 호칭한다.

작년에 분명 비회원이었던 P의 이름 뒤에 회원이라고 나와 있어서 반가운 마음에 "회원 되셨어요?"라며 웃으며 인사를 건넸다. 지난겨울에 회원권을 샀다고 했다.

눈치를 보니 ― 이건 순전히 내 생각이지만 ― 같이 오신 여성분에게 잘 보이고 싶어 하신 듯했다. 하지만 본래 그의 실력은 나타나지 않고 볼은 엉망이었다. 게다가 세 번째 홀 그린에서 볼을 놔 주다가 나도 모르게 "고객님, 오른쪽 두 컵 오르막입니다"라고 말했는데 신경이 예민해서인지 P는 바로 "고객님?"이라고 반문했다. 뭔가 단단히 문제가 생긴 걸 눈치로 알 수 있는 그의 목소리였다.

그 후로도 그의 볼은 맞지 않았고 동반자들로부터 점점 외톨이가 되어 갔다. 다들 회원인 P의 눈치를 보느라 안절부절못하고 있었다.

P는 어느 순간부터 캐디들 험담을 하기 시작했고 회원이 됐으니 캐디들 교육부터 다시 시키겠다고, 뭐도 문제고 뭐도 문제라고 일일이 메모까지 하며 코스를 순회했다. 그러다 후반 파 3 숏홀에서 웨이브 연결이 있었는데 P는 들어가지 말라고 줄을 쳐 놓은 잔디 위에 티를 꽂았다.

며칠 전 매트를 사용하라며, 잔디를 사용하는 고객을 제지하지 않으면 벌당이라는 교육을 받은 나는 조용히 "회원님 매트를 사용해 주세요"라고 말씀드렸다. 그는 티를 뽑아 매트에 꽂으면서 자기한테 매트를 사용하라고 말한 캐디는 처음이라며 골프장이 문제가 많다고 중얼거렸다.

오른쪽 그린을 사용하는데 그의 볼만 왼쪽 그린으로 가고 나머지 세 분의 볼은 오른쪽으로 갔다.

반대로 그린에 가서 뒷팀의 플레이를 기다렸다. 오른쪽 그린에 안착한 세 사람은 오른쪽 그린에서 기다리는데 홀로 왼쪽으로 간 P는 왼쪽에 혼자 서 있었다.

나는 좀 위로해 주고 싶었고 플레이를 기분 좋게 풀고 싶어서 혼자 왼쪽 그린 주변에 있는 P에게로 다가갔다. 그리고는 조용히 말했다.

"회원님, 오늘 볼이 잘 안 맞으시네요…."

그 말은 '원래 당신은 볼을 잘 치는데 오늘 잘 안 맞는 것을 내가 안다'라는 표현이었다. 그러나 P는 갑자기 화를 내며 "내가 지금 볼이 안 맞아서 성질낸다는 말이야?" 하셨다. 그런 얘기가 아니라며 죄송하다고 말씀드렸지만 P는 멈추지 않고 성질을 있는 대로 발산하였다.

나는 달래면서 죄송하다고 했지만 이것저것 흠을 잡는 P를 나중에는 포기하게 되었다. 나는 다른 고객들에게 조용히 물어봤다.

"고객님, 제가 문제가 있나요?"

남성들은 아무 대답이 없었지만 여성분은 "아니 아무 문제도 없는데…" 하셨다.

숨 막히는 하루가 끝났을 때 종일 코스를 돌며 문젯거리를 메모한 것을 들고 P는 바로 경기과로 찾아갔다.

나중에 전해 들은 이야기지만 그는 그다음 날 경기과에 가서 어제 캐디를 벌주지 말라고 얘기하셨다고 한다. 밤새 진정하고 생각하니 본인이 심했다고 생각했나 보다.

18

새벽에 태백에서부터 K와 그의 부인이 왔다. 그날은 비가 내렸다. 먼 길을 돌아갈 수 없어서 그냥 비를 맞고 플레이를 하기로 했다. 나 또한 즐겁게 플레이하실 수 있도록 애써 보겠다고 답하고 웃으며 티로 이동했다.

K는 본인의 퍼터를 따로 빼서 본인과 나 사이에 가로질러 놓으며 퍼터는 자기가 챙길 테니 신경 쓰지 말라고 했다. 하지만 어프로치를 하고 그린으로 향할 때 아무도 퍼터를 가져가지 않았다. 카트 뒤에서 내가 퍼터를 들고 뛰었다. 그러나 습관이 되질 않아서 그만 앞 좌석에 K의 퍼터를 놓고 왔다.

다시 뛰어가서 K의 퍼터를 들고 왔다. 세 홀을 그러고 나서 나는 K에게 "고객님 퍼터 카트 뒤에 두시면 안 될까요? 제가 습관이 안 돼서 자꾸 잊어버리게 되네요." 하였더니 K는 말없이 카트 뒤 통에다 꽂았다. 나름 전반은 빗속에서도 즐거운 플레이를 했다.

그늘집에 잠깐 들렀다 식사를 하고 후반을 시작했다. K는 전반부터 부인을 무시하는 발언을 많이 했고, 볼을 잘 치고 있는 부인에게 그렇게 말 안 들으면 다시는 안 데리고 다닌다고 협박까지 했다. 요즘 보기 드문 광경이었다.

나는 왜 굳이 같이 다니시냐고, 따로 다니셔도 재미있다고 말씀드렸다. K는 갑자기 나를 흘겨보며 여자들끼리 볼 치러 다니게 놔두면 바람이 난다고 말했다. "에이, 고객님 바람나는 여자는 집에서 노는 여자도 바람나요"라고 말하자 다른 동반자도 그렇다고 장단을 맞춰 주셨다. K는 말없이 나를 흘겨보고 있었다.

다음 홀 그린에 갔다. 퍼터를 닦아 드리겠다고 했더니 갑자기 내 손의 볼 타월을 확 잡아당기며, 본인이 닦겠다고 볼 타월 하나 달라고 30번도 넘게 말을 했는데 도통 말을 들어 먹질 않는다고 구박을 했다. 나는 내 고객을 위해 비 타월 4개를 준비해서 나누어 주었는데 무슨 말인가?

신경질을 내는 그에게 웃으면서 "고객님, 왜 그러시는데요. 비 타월 아까 챙겨 드렸잖아요." 했다. 그리고 잔뜩 흘겨보고 있는 그를 향해 조용하고 조심스레 갑자기 왜 그러시냐고 재차 물었다. 답은 없고 몹시 신경질적인 그를 보고 팀 분위기가 벌써 싸해졌다.

조용히 12번 홀을 지나면서 뭔가 문제구나 싶어 장난을 멈추고 13번 홀에서 카트에 내리면서 나는 빠른 어투로 홀 설명을 했다.

"340m 파 4 미들홀에 좌우 해저드입니다. 그린 앞 벙커 방향으로 치시는 게 좋습니다."

나는 분명히 말하고 클럽을 드렸다. 티를 꽂고 치려고 하더니 갑자기 잔소리를 시작한다.

"처음 온 고객한테 홀 설명도 안 하고 어딜 보고 치라고 알려 주지도 않고 싸가지가 없다….”

　순간 방금 얘기했노라고 말하고 싶었지만 참고 그의 이야기가 끝나기를 기다렸다가 "고객님, 벙커 보시라니까요"라고 얘기했다. "그린 앞 벙커 보세요"라고 다시 얘기해야 했지만 싸가지 없다는 황당한 얘기에 나도 욱하고 말았다.

　K의 부인과 나는 세 살 차이였다. 전반에 부인이랑 얘기하다가 알게 되었는데 부인의 친정이 우리 동네였다. 중간 그늘집에서 부인이 내 얘기를 했고 K는 나의 나이를 알고 있었다. 나이 어린 친구들에게도 그런 발언은 하면 안 되지만 내게 그렇게 말하는 건 참으로 무례하기 짝이 없었다. K는 내게 "보시라니까요? 보시라니까요?" 하며 못돼 먹었다고 한참을 구박했다.

　뭐가 불만이면 얘기를 하고 그러지 말라고 하든지, 못 들었으면 다시 한번 설명을 해달라고 하든지, 이것도 저것도 아니면 어디 보고 치면 되냐고 묻든지….

　티에서 그린까지 다 보이는 홀에서 설명 안 해 준다고 싸가지 없다니….

　어찌어찌 세컨에 갔는데 7번을 가져다 달래서 7번을 가져가니 6번을 가져다 달라고 했다. 다시 6번을 가지고 가니 5번을 가져다 달라고 했다. 동반자들은 눈치를 보며 거리를 얘기하니 알아서들 클럽을 빼 가져가셨다.

　다음 홀 세컨에서도 마찬가지였다. 7번을 가져다 달래서 7번을 가져갔더니 5번을 가져오라 하고 이번에는 드라이버를 가져다 달라고 하셨다. 나는 이건 아니다 싶어 이번에는 가방에 들어 있는 클럽을 몽땅 빼 가져갔다. 그 옆에서 대기를 하니 흘겨보며 성질이 더럽다고 했다. 치는 클럽 하나를 주고 카트로 돌아와서 정리를 하고 경기과에 전화를 해서 캐디를 교체하겠다고 했다. 그리고 옆에 타고 있는 부인에게 "사모님, 보셨지만 이렇게는 일 못 하겠어서 경기과에 캐디 교체하겠다고 전화했습니다. 죄송합니다."라고 하니 원래 말이 없으신 그분은 아무 말씀도 못 하셨다. 왜냐하면 본인도 봤기 때문이다.

다음 홀 티로 경기팀 과장님과 캐디가 왔다. 과장님은 무슨 일이냐고 물었고 옆에 동반자는 별일 아니니 진행하게 돌아가시라고 달래느라 바빴다. K는 캐디 교체를 손님이 하는 거지 어떻게 캐디가 할 수 있냐고 그런 법도 있냐고 말이 되냐고 따졌다. 버디하고 버디 값을 주신 분은 옆 동반자였는데 마치 본인이 준 것처럼 "버디값도 줬는데…" 하고 말했다. 정작 K의 부인은 카트 앞 기둥만 붙들고 아무 말도 못 하고 눈치만 보고 있었다. 솔직히 저런 남성과 어떻게 사나 싶어 문득 그녀가 불쌍해졌다. 그리고 내가 저런 남성이랑 살지 않은 게 얼마나 다행인가 싶었다. 나 같으면 벌써 이혼하고 못 살 듯했다.

플레이가 끝나고 이유를 들어 보니 본인이 아끼는 퍼터라 비 맞히고 싶지 않았는데 캐디가 카트 뒤에 놓자고 해서 싫어서 그랬다는 것이다. 퍼터는 출발할 때부터 문제없었는데 후반 들어 갑자기 퍼터가 문제가 될 리 없었다. 이유 같지 않은 핑계라는 것은 누구나 알 수 있었다. 퍼터는 전반에도 사용했는데, 좋던 분위기가 갑자기 후반에 와서 화를 낼 이유가 될 수가 있겠는가.

비가 오는 날의 플레이는 당연히 다 젖기 마련이다. 비옷을 입고 있어도 비 맞지 말라고 우산을 씌워 주시는 고객도 있고 우리는 노는데 일하느라 고생했다고 오버피를 챙겨 주시는 고객도 계신다. 하지만 클럽에 비 맞히지 말라는 고객도 있고 하다못해 볼에 비 맞히지 말라는 고객도 있다.

19

보통 여성 고객들은 골프장에 소풍 오듯 먹을거리를 많이 싸 오신다. 남성분들도 싸 오시는 경우가 있지만 그래도 상대적으로 여성 고객들이 많이들 싸 오신다.

어느 날은 남성분 가방에 삶은 계란 한 판이 들어 있는 경우 — 아마도 부인이 간식을 싸 주시다 기분이 나빴는지 — 도 있었다. 부산의 어떤 고객님은 남편이랑 오셨는데 골고루 이것저것 담아 비닐 팩 다섯 개를 챙겨 오셔서 캐디에게 먼저 주셨다.

다른 분들도 보통은 캐디에게 먹으라고 기분 좋게 나누어 주시기도 한다. 그러나 먹어 보라는 말 한마디 없이 4~5시간을 동반하며 고객들끼리만 나누어 먹는 경우도 많다. 캐디들도 좋은 것으로 잘 먹고산다. 그런 거 안 먹어도 그만이다. 하지만 먹는 걸로 맘 상한다고, 별것도 아닌 것을 고객들끼리만 먹는다.

문제는 50대 60대가 그렇다. 서로 나누는 것을 못 배운 것인가? 이해할 수가 없다.

N은 우리나라 유명한 기업의 셋째 딸이다. 플레이를 나올 때 그야말로 수퍼 하나를 다 털어온 듯하다.

얼마나 바리바리 싸 오는지 혼자 들지도 못한다. 카트 가득히 먹을 것을 두고 본인들만 실컷 먹으며 캐디에게 먹어 보라 소리 한 번을 할 줄 모른다. 배부르다고 노래를 부른다. 의사 남편이나 동반자들도 똑같다. 한 남성이 그래도 미안했는지 쫀드기 하나를 반으로 쪼개서 먹어 보라고 내게 건넸다. 괜찮다고 거절했지만 기어이 내 손에 쥐여 줬다. 먹고 싶지 않았다. 나도 쫀드기 사 먹을 능력은 충분하다. 싸 온 것을 반도 못 먹고 플레이가 끝나면 그걸 빠짐없이 다시 싸 짊어지고 돌아갔다. 많이 싸 온 만큼 챙겨 갈 것도 많았다.

언젠가 동료 캐디와 서로 다툼이 조금 있었다는데 나를 만나자마자 흉을 보길래 "그 친구가 그럴 사람이 아닌데 왜 그랬을까요?" 하였다. 그러자 "너도 같은 과구나" 하더니 불친절하고 말마다 트집을 잡고 시비조였다.

어느 날 그 기업의 친한 이웃이 와서 그 집 이야기를 했다. 어릴 때 옆집에 산 얘기며 놀러 가 보면 그 집에 피아노가 있었다는 이야기며….

그분은 그 기업의 회장님이 어떤 사람인가를 얘기했지만 내게 그건 그다지 중요하지 않았다. 나는 그 집 딸들의 이야기에 귀 기울였다.

이후로 난 그 기업의 제품을 사용하지 않으며 고객들에게 그 기업의 물건은 사지 말라고 얘기했다. 요즘 품질 좋은 물건은 얼마든지 있다고 굳이 그런 집 물건을 살 필요 없다고, 다른 회사 제품 좋은 거 많다고….

20

L은 부인과 다른 부부와 동반 플레이를 했다. L의 부인은 시니어 선수라고 했다. 그런 부인을 L은 자랑스러워했다. 그의 표정과 말투에서 알 수 있었다. 하지만 그들을 처음 접한 나는 시니어 선수인지 알지 못했고 들은 바도 없었다.

흰 티에서 같이 치겠다고 얘기했을 때 그러시라고 했다. 세 번째 홀이 파 3 숏홀이었는데 에이프런에 L의 볼이 떨어졌다. 나는 퍼터를 드렸다. 어프로치로 하겠다고 했다. 나는 잔디를 조심해 달라고 말씀드렸는데 그는 그 말에 기분 나빠했다. 내가 말이 많다고 캐디 교체를 요구했다. 어이없이 교체하고 들어와서야 그가 처음 본 캐디에게는 트집을 잡고 함부로 한다는 사실을 들었다. 나는 차라리 좋았다.

며칠 뒤 L의 지인들을 나갔다. 그들은 회원이었던 L의 이야기를 하며 좋은 회원이지 않냐고 물었다. 나는 며칠 전에 나갔다가 말이 많아 교체됐다고 한마디를 했더니 서로 "언니가 그다지 말이 많지는 않은데…"라고 했다. 그날 나의 컨디션은 그다지 좋지 않아 조용했다.

몇 달 뒤에 단체 팀에 나갔다가 뒷팀에 L이 있는 것을 발견하였다. 우리 팀은 전에 나간 적이 있어 안면이 있었다. 티 샷을 하려는데 단체 팀이다 보니 사람들이 잔뜩 모여 있었다. 우리 팀 고객들은 지난번 플레이가 너무 좋았었다고 나에 대해 칭찬을 하고 있었고 L은 그 이야기를 들으며 나를 보고 웃고 있었다. 그는 나를 기억하지 못했다.

21

 유난히 해저드가 많은 골프장이 있다. 짧으면서 해저드가 많은 곳은 거리 욕심을 내는 고객이라면 좀 싫을 수도 있다.
 동료의 고객은 채 40살이 안 된 그 동네 젊은 남성분들이었다. 거의 자기네 앞마당처럼 훤히 알고 있어 굳이 설명도 필요 없는 그런 분들이었다. 5번 홀에 오른쪽으로는 210m, 왼쪽으로는 250m 사선으로 연결된 해저드가 자리하고 있었다. 지난 홀까지 좀 거칠긴 했어도 별일 없이 웃으며 농담하며 진행했다고 한다.
 5번 티에서 L은 묻지도 않고 드라이버를 꺼내 들었다. 안개가 심하게 낀 날이어서 볼의 낙하지점을 정확히 확인할 수 없는 날이었고, 그보다 앞에 친 동반자의 볼도 알 수 없는 상황이었다. L이 살았냐 죽었냐 물었을 때 잘 안 보여서 가서 확인해 봐야 할 거 같다고 대답했다. 세컨드 지점에서 확인했을 때 잘 간 L의 볼은 없었다.
 나머지 살아 있는 볼의 주인들은 클럽을 들고 웃으며 이동했지만 볼이 없어진 L은 돌변해서 캐디에게 욕을 하기 시작했다. 동료는 직감적으로 문제가 크다는 걸 깨닫고는 조심스럽고 정중하게 너무 잘 맞아서 볼이 해저드에 들어간 듯하다고 말씀드렸더니 캐디면 캐디답게 굴라면서 카트를 부르라더니 갑자기 동료의 목을 조르기 시작했다. 그것을 반대편에서 오비 난 볼을 주우러 온 캐디가 보고 경기과에 신고를 하였다. 경찰을 부르고 조사를 하니 고객이 사과하려고 하였다. 합의하시라고 권유하는 동네 경찰에게 동료는 "선생님 무슨 얘기를 하시는 거예요…. 저는 그 순간 죽음의 공포를 느꼈어요."라고 얘기했다고 한다. 그리고 고소장을 접수했고 골프장에서는 출입 금지를 시켰다.

나중에 들은 얘기인데 그 고객은 전에도 캐디를 폭행한 일이 있었다고 한다. 매너라는 것을 배우지 못한 것도 문제지만 타고난 인성까지 쓰레기인 것은 숨기려 해도 드러나기 마련이다. 그것을 부끄러워할 줄도 모를 지경이라면….

22

43세의 L은 그의 초보 친구 둘과 30대 후반에서 40대 초반으로 보이는 그의 애인과 함께 플레이를 하러 왔다.

날씨가 봄을 향해 가는 시기라 조금 쌀쌀했지만 춥지는 않았다. 나는 내 좌석에 핫 팩 하나를 방석으로 두었다. 그의 애인 C는 그걸 보더니 "이 언니 보게. 내 건 없어? 내 것도 줘."라고 말을 했는데 그 말투가 몹시 기분 나빴다. 언제 봤다고 내게 반말인가? 내가 어려 보여도 그렇지만 나는 나이가 훨씬 많다. "그것밖에 없어요…"라고 얘기하니 그걸 자기 손에 들고 있었다.

첫 홀에서 스트레칭을 하자고 하니까 자기들끼리 알아서 할 테니 신경 쓰지 말라고 했다.

가방에서 이것저것 빼며 준비를 하기에 나는 드라이버 세 개를 들고 티로 이동하면서 그들의 모습과 앞팀의 진행 상황을 확인하고 있었다. 초보자인 그의 친구가 드라이버를 찾길래 내가 보여 주며 가지고 왔다고 말씀드렸더니 왜 가져갔냐는 표정이다.

 나는 "스트레칭 안 했다고 티 샷도 안 하실 거예요?"라고 웃으며 농담 섞인 말을 했는데 그게 마음에 들지 않았는지 L이 나에게 "공격적으로 나오네. 그럼 나도 공격적으로 대해 주지…."라고 했다.

 나는 저 반응 뭐지? 하는 생각을 잠시 했지만 깊게 생각하지 않았다. 시작부터 이상한 감정싸움을 하고 싶지도 않았고 내가 악의가 없었으니 그 고객들도 농담으로 하는 얘기겠거니 생각했다.

 하지만 두 초보 친구들을 제외하고 ― 사람이 끼리끼리라고 ― L과 C의 반응은 가관이었다. 반말은 기본이거니와 말투에 기분 상할 일이 많았다. 특히 C는 오만함이 온몸에 가득했다. 특별히 볼을 잘 치는 것도 아니고 그렇다고 못 치는 것도 아니지만 목이 너무 뻣뻣하였다. 진행은 말할 나위도 없이 늦고 본인 맘대로다. 거리를 얘기하면 듣는 척도 안 하고 볼로 가서 가만히 서 있었다. 내가 몇 번씩 거리 얘기를 반복한 다음에야 겨우 자기가 입 열고 싶을 때 "피칭"이라고 한다.

 '주세요'도 '가져다 주세요'도 '줘'라고도 안 한다. 볼을 그린에 올려서 손에 퍼터를 쥐여 주면 말도 없이 뿌리치고 그린으로 걸어가서 그냥 볼 앞에 가만히 서 있기만 했다. 내가 볼을 닦아 앞에 놔 주면 그제야 퍼터를 받아 퍼팅을 했다. 스코어도 못 세는 건지 속이는 건지 자꾸 줄여서 처음에는 그냥 넘어갔지만 몇 번 반복되었을 때 나는 조심스레 "저… 이런 말씀드려도 될지 모르겠는데…" 하고 물었다.

 스코어 얘기를 하니 L은 그때그때 얘기해 달라며 괜찮다고 흔쾌히 말해 주었는데 C는 두어 홀이 지나니 "짜증 나네"라고 나 들으라는 식으로 말을 던졌다.

더구나 L의 실력으로 모를 리가 없는데 전반 벙커에서 클럽이 모래에 닿길래 기다렸다가 후반에 조심스레 모래에 클럽이 닿으면 안 된다고 얘기했다. 그랬더니 본인도 안다고 했다.

거리를 얘기하고 오비 난 볼을 주워 오니 남성들은 모두 클럽을 가져가서 치고 있는데 C는 볼 앞에 그냥 그대로 서서 숲속에서 볼을 주워 오는 나에게 "뭐야. 쓸 만해? 이리 내놔 봐."라고 했다.

볼을 건네주니 고맙다는 말도 없이 "쓸 만하네" 하며 본인이 가졌다.

종일 몇 번이나 왜 반말이냐고 목구멍까지 솟아나는 말을 꾹 참았다. 플레이가 끝나고도 C는 안녕히 가시라고 인사하는 나를 쳐다도 보지 않고 목을 꼿꼿이 세운 채 들어갔다.

비기너인 고객 둘을 내려 주고 마지막으로 L이 혼자 남아 있을 때 나는 조심스레 말을 건넸다.

"저… 이런 얘기는 기분 나쁘라고 드리는 말씀은 아니지만 우리가 다 성인이고 저도 나이를 먹을 만큼 먹었는데 반말은 좀 아닌 거 같네요. 다음에는 안 그러셨으면 좋겠어요."

그러자 고개를 차 트렁크로 향하고 한다는 말이 "돈 주고 사람을 부리는데…"라고 중얼거리는 것이었다.

나는 정말 돈 주고 사람을 부린다고 생각하시냐고 되묻고 싶었지만 목구멍으로 솟구치는 말을 삼켰다. 인성의 수준이 그뿐이라고 느꼈기 때문이었다.

알았다고 하고 돌아섰다. 실수도 할 수 있고 기분이 나쁠 수도 있지만 이렇게 얘기하면 '미안하다', '그런 뜻이 아니었지만 기분 나빴으면 이해해 달라', 뭐 이런 반응이 상식 아닌가?

23

친한 동료가 여성 세분과 남성 한 분과 플레이를 하는데 그들은 30대 후반에서 40대 초반으로 젊었다.

광장에서 첫 만남을 갖는데 한 여성분이 동료 K를 향해 "화장실" 하며 위아래로 훑어봤다. K는 "저기 계단 밑"이라며 큰 키로 내려다보며 눈을 동그랗게 뜨고 대꾸를 했다. 여성 고객은 어이없는 듯 눈을 흘기고는 화장실로 향했다. 첫 티로 이동을 했는데 그 여성 고객은 볼을 한 보따리를 꺼내며 말했다.

"이 여성분이 오늘 머리 올릴 거야."

"네."

"우리 이 볼 다 쓰고 갈 거야."

"네."

첫 홀부터 멀리건을 너무 당연히 쓰려 했다. "앞에 특설 티 이용하겠습니다" 했더니 K의 표정을 보고는 두 번째 홀에서 만 원을 건넸다. "됐어요. 괜찮아요." 하니 "언니 눈치 때문에 볼을 못 치겠다"라고 했다.

"전 괜찮으니까 고객님들이나 재밌게 시간 보내세요."

그러면서도 여전히 반말에 한 여성 고객은 남성 고객과 애인인지 "자기야" 하며 애교를 부리고 볼에 집중하지를 않았다. 비기너를 비

롯해서 플레이어의 모든 볼은 바로 앞에 떨어져 플레이는 당연히 늦어지고 있었다. 그럼에도 그 여성 고객은 골프장에 몇 번 더 와 봤다고 코치까지 하고 있었다. 전반이 끝났을 때 K는 몹시도 지쳐 있었다.

정말 매너라고는 형편없는 애인을 데리고 온 중년의 남성에게 — 이 남성은 매우 순하고 착했다고 한다 — 동료는 조용히 다가가서 말했다.
"이런 얘기는 안 하는데… 고객님이랑 같은 동네고 고객님 차 번호도 다 아는데 정말 저 여성이랑 계속 만날 거예요?"
"왜? 네가 봐도 별로야?"
"네, 너무 별로예요. 헤어져요. 내가 다른 사람 알아봐 줄게요."
"그렇지? 네가 봐도 별로지…?"

정말 의심이 가득한 고객이 있다. IP 보세요, 라고 말한 적이 있다.
"IP 어느 쪽으로 봐? 오른쪽? 왼쪽? 어느 방향이 더 나아? 오른쪽으로 보면 흐를 거 같은데. 여기 슬라이스 아냐? 왼쪽은 절벽이지? 바로 볼까? 어느 쪽으로 쳐야 단거리야?"
"깃대 보고 바로 치세요."
"그렇지? 아니, 아니야. 깃대 보면 흐를 거 같아. 그래도 오른쪽이 낫지? 150m까지 치고 잘라 갈까? 다 치면 안 될 거 같아…."
세컨에서도 "100m입니다" 하면 치지도 않고 "왜 100m야? 더 짧게 봐야 하지 않아? 길면 좋지 않을 거 같은데…. 홀컵 오른쪽이 나아? 왼쪽으로 치는 게 더 낫지 않아?" 하며 볼을 치지는 않고 홀을 분석만 하느라 시간을 다 보내는 고객이 있다. 숨이 막힌다. 제발 좀 치세요….

24

캐디들도 다른 골프장에 고객으로 볼을 치러 많이 다닌다. 당연히 같은 직종 근무자로서 매너는 '짱'이다. 진행이 어찌나 빠른지 캐디팀은 누구도 쫓아 오지 못한다는 말이 은연중에 있을 정도다. 당연히 클럽은 다 스스로 가져가고 거리, 라이 다 스스로 보며 볼도 자신이 닦으면서 스코어까지 기록해 주고 캐디피는 언제나 넉넉하다. 볼도 잘 친다. 손이 갈 게 없다. 성격도 유쾌하다. 그래서 캐디팀을 나가는 것을 캐디들은 대체로 좋아한다.

얼마 전에 앞팀은 3인 플레이고 그 뒷팀이 캐디 팀이었고 그 뒷팀이 사모님 네 분인 적이 있었다.

3인 플레이가 시간보다 빨리 티 오프를 했고 그 뒤에 캐디팀은 늦게 도착해서 티 오프가 늦었지만 그 속도가 너무 빨라서 그 뒤의 사모님 네 분을 나간 캐디는 그들을 따라가느라 진행 무전을 타고 정말 힘든 하루를 보냈다.

캐디 팀은 백이 카트고로 내려올 때부터 대충 안다.

클럽과 이름 등으로 추측이 가능하기도 하고 나가 보면 오랜 시간이 걸리지 않아 서로 말을 굳이 하지 않아도, 대화 내용이나 행동에서도 감추려고 해도 나타난다. 그것을 별스럽지 않게 여기면 되는데 캐디 중에는 그 사실을 감추고 싶어 하는 이들이 있다. 그럴 수 있다. 하지만 그러다 보니 알게 모르게 일하는 캐디에게 함부로 진상 짓을 하는 경우도 있다.

물론 돈을 쓰러 왔으니 대우받는 게 당연하다고 생각하는 이도 있지만 대체적으로 같은 업종에 종사하면 서로 일이 힘들다는 것을 잘 알기에 우리는 서로 배려를 하는 차원에서 예의를 지킨다.

어느 날 누가 봐도 캐디인데 동반하는 캐디에게 반말하면서, 나간 볼 다 찾아놓으라고 시키고 라이도 못 본다고 못되게 구는 여성 골퍼가 있었다. 그날 그녀는 온갖 진상 짓을 다 하고 갔다.

얼마 후에 동반 나갔던 캐디가 다른 골프장에 볼을 치러 갔는데 뒷팀에 지난번 온갖 진상 짓을 한 캐디가 있었다. 다행인지 불행인지 둘은 서로 알아보았고 뒷팀의 진상 캐디는 얼굴도 못 들었다고 한다.

25

동료 A의 고객은 가방이 너무 무거웠다.

카트에 실을 때부터 잘 들리지가 않아 도대체 뭐가 들었나 했더니 첫 홀에서 꺼낸 것은 큰 맥주 피처 두 병과 소주 피처 한 병이었다.

그들은 첫 홀부터 술을 말기 시작했고 너무 마신 한 사람은 취해서 술주정을 부렸다.

골프가 재밌는 것은 자신을 제외하고 모든 핑계를 댈 수 있다고는 하지만 볼이 잘 맞았을 때는 괜찮다가 볼이 안 맞으면 동료 A에게 핑계를 돌리기 시작했다.

 볼이 안 맞으면 너 때문이라고 하고 치고 난 다음 가서 살펴볼게요, 해서 없으면 캐디가 뭐 하는 거냐고 그랬다. 볼도 못 본다고, 볼이 홀컵에 안 들어가면 라이를 잘못 봐서 안 들어간다고 트집을 잡았다.

 전반을 간신히 마치고 그늘 집에 쉬어 가서는 커피를 하나 들고 나와서 "미안하다. 후반엔 안 그럴게." 하더니 후반에서도 여전했다. 동반자들이 A에게 그냥 이해하라고 저 사람은 술 취하면 원래 시비 건다고 했다.

 참다 참다 후반 5번 홀에서 폭발한 동료 A가 말했다.

 "고객님, 도저히 이렇게는 못 하겠어요. 저 들어갈래요. 고객님이 전화하실래요? 제가 전화할까요? 경기과에 전화하세요. 참으려 해도 저도 감정 있는 사람이라고요. 캐디 생활 15년에 이런 고객님은 처음이네요."

 동반자들은 이제 몇 홀 안 남았으니 그냥 참으라고 했다. 그러나 그들의 눈빛에서 술 취해서 그런 걸 그것도 이해 못 하냐, 라는 속마음을 읽을 수 있었다. 결국 참고 하루를 마무리 지었지만 그녀는 며칠 동안 스트레스로 일할 의욕을 상실했다.

26

 앞팀 티 샷이 끝나고서야 식사를 끝낸 두 분이 먼저 나오셨다. 이동을 해야 하지만 아직 두 분이 식사 중이라 잠시 기다렸다. 한 분이

'100돌이들'이라며 조심스레 자신들을 소개했다. 나도 웃으면서 "클럽을 보니 그래 보인다"라고 했다.

더 이상 기다릴 수가 없어서 일단 티가 가까우니 이동해서 스트레칭을 하며 준비하자고 하여 두 분만 모시고 티로 이동했다. 그제야 식사를 마친 두 분의 고객이 티로 이동을 했다. 나는 분명 반갑게 인사를 했는데 먼저 이동한 내가 기분 나빴는지 그들은 나를 쳐다보지도 않았다.

준비를 하고 먼저 올라오신 분이 티 샷을 했지만 서두르는 탓에 볼이 계곡으로 빠졌다. 늦게 오신 P가 다시 하나 치라고 했지만 나는 첫 홀이라 티 오프 시간이 늦어 안 된다고 해저드 티를 이용하시라고 조심스레 얘기를 하며 클럽을 받았다.

두 번째 볼은 페어웨이에 안착이 되었지만 세 번째는 산으로 올라갔고, 네 번째 P의 볼은 왼쪽 경계선에 떨어졌지만 살 수 있을 것 같았다.

이동을 해서 세 사람은 제자리를 찾아 가서 볼을 쳤지만 경계에 떨어진 볼은 보이지 않았다. 나는 경계 풀숲을 뒤졌고 그는 "가운데로 잘 갔는데… 없어질 볼이 아닌데…" 하며 경계 밖까지 내려가서 찾고 있었다.

나는 약간 왼쪽으로 떨어져서 조금 불안했다고 얘기했지만 가운데로 떨어졌다는 그의 기억을 바꿀 수는 없었다.

그냥 하나 치고 가시는 게 좋겠다고 말씀드렸지만 P는 한참을 더 찾고 나서야 "일단 하나 치고 갈게"라고 했다. 두 번째 홀도 오비였다. 세 번째 홀에서도 P의 볼은 물로 들어갔고 네 번째 홀에서는 살

앉지만 세컨에서 물로 들어갔다. 다섯 번째 홀에서는 우리가 티에 올라갔을 때 앞팀은 홀 아웃을 하고 있었다.

티 샷을 했는데 오른쪽 계곡으로 가던 초구가 나무를 맞고 레이디 티 앞으로 떨어졌다. 두 번째 구 역시 티 샷이었는데 그는 피니쉬를 한다고 계속 자세 유지를 하고 있었고 세 번째 고객이 뒤에서 기다리며 쳐다보고 있었다. 나는 "이제 그만 자리 좀 비켜 주세요. 고객님 볼은 이미 날아갔고 앞팀도 홀 아웃 했는데…."라고 부드럽게 얘기를 했다.

그는 나를 돌아보더니 "피니쉬 좀 하려는데 나 때문에 진행이 늦은 것처럼 얘기하네" 하셔서 "고객님 앞팀이 홀 아웃 했으니 우리가 조금 늦은 거예요"라고 했다. 볼은 이미 날아갔는데 피니쉬가 다 무슨 소용인지….

티 샷이 끝나고 우리는 첫 번째 레이디 티 앞으로 떨어진 볼을 찾기 시작했다.

아무리 찾아도 보이지 않았고 나는 어차피 여기서 찾아도 250m나 남아서 세 번째에 올려야 하니 해저드 티를 이용하시는 게 좋겠다고 말씀드렸다. 피니쉬를 길게 하시던 고객은 볼을 찾겠다고 언덕 위까지 올라가서 헤매고 있었다.

한참 후 해저드 티로 이동하던 중에 길가 풀 속에 박혀 있던 볼을 발견했다.

"여기가 250m니까 100m에 있는 해저드 티도 괜찮은데 어떻게 하시겠어요?"라고 하자 라이도 안 좋은 그곳에서 쳐 보고 싶다고 치겠다고 하셨다. 나는 클럽을 빼 주었다. 잘 맞았을 리가 없다. 그렇게 친 P의 볼이 6~8번 홀까지 겨우 3홀 살고 다 없어졌다.

9번 홀에서는 티 바로 앞에 있는 해저드에 들어가서 할 수 없이 해저드 앞에서 두 번째 볼을 쳤다.

나는 그 두 번째 볼이 위험하다고 느꼈지만 카트에 앉아 있던 세 사람이 너무도 크게 "굿 샷!" 하고 외쳐서 내가 잘못 봤나 하고 이동을 하였다.

역시나 P의 볼만 없었다. 다른 동반자들은 벌써 그린에 가 있고 뒷팀은 티에서 기다리고 있는데 나와 P는 볼을 찾고 있었다.

나는 조심스레 하나 치고 가시는 게 좋겠다고 말씀드렸다. 그랬더니 캐디가 볼을 못 본다고 내 탓을 하더니 안 치겠다며 클럽을 클럽통에 던져 넣어 버렸다.

그린 플레이를 하러 가니 먼저 가 있던 피니쉬 맨이 내게 저 사람 기분 나빠하니까 볼 좀 잘 봐주라고 하신다.

그는 D지역에서 온 86년생, 서른여섯 살이었다. 힘은 좋아서 볼을 치면 거리가 꽤 났지만 나가면 찾을 수 없었다. 그날따라 나도 볼을 못 찾기도 했다. 안 찾은 게 아니라 못 찾았다. 어떤 날은 너무 잘 찾아서 이렇게 볼을 잘 찾는 언니는 처음이라고 대단하다고 칭찬 세례가 쏟아지기도 하지만 못 찾는 날은 정말 볼을 못 찾기도 한다. 여름 풀이라는 것이 볼이 보이지 않을 정도로 길고 거칠어 볼이 떨어지는 걸 보고 가도 찾을 수 없을 때가 많다.

나도 답답했다. 나인을 간신히 돌고 들어왔는데 기분이 안 좋았다.

잠시 후 경기과에서 불러서 가 보니 그들이 캐디 체인을 요청했다고 한다.

내가 클럽이 백돌이라고 무시하고 볼도 안 봐주고, 살아 있는 볼을 해저드 티에 가서 치라고 했다는 것이다. 귀에 걸면 귀걸이, 코에 걸면 코걸이라는 말이 참으로 맞지 않은가.

나는 광장에 가서 짐을 챙겨 오며 죄송하다고 즐겁게 치시라고 인사를 하고 오는데 세 사람은 그냥 고개만 까딱했고 P는 나를 쳐다보지도 않았다. 그 비위를 후반에도 스트레스 받아 가며 같이 보내느니 차라리 체인한 것이 마음이 편안했다.

27

어느 모임 단체 팀의 C 고객은 50대 여성이다.

그녀는 주로 남성 고객 세 명과 플레이를 했는데 그날은 여성 고객 네 명으로 구성되었다. 여성들끼리의 플레이가 재미없는지 뒷팀의 남성 고객들에게 가서 수다를 떨고 그들이 와서 자신들의 샷을 쳐다볼 때까지 볼을 치지 않았다.

사람은 끼리끼리라고, 모임이라는 특성상 좋은 사람 나쁜 사람 섞일 만도 하건만 어쩜 하나같이 비슷한 사람들로만 구색을 맞춘 건지….

여성 고객 넷이서 캐디를 잡기 시작하는데 "어리고 예쁜 것들은 다 뒈져야 한다. 너도 죽어야 해. 만약 네가 내일까지 죽지 않으면 하자 있는 거다."라며 막말을 퍼붓고 클럽은 절대 들고 다니지도 않거니와 손에 쥐여 줘도 그 자리에 버리고 갈 정도. 그러다 어프로치 지점에 가서 52, 58도를 들고 뛰어가 옆에 서 있었더니 누가 미리 가져오랬냐고 카트에 가서 다시 가져오라고 했다. 캐디는 어이가 없어 쳐다보고 있는데 그 여성이 갑자기 "52, 58."이라고 했다.

캐디는 손에 들고 있던 클럽을 건넸다. 오직 자기 볼만 보고 걸어가서 "야! 야! 야!" 하며 그린에 가서도 볼에 손 하나 대는 이가 없었다.

네 명 마크하고 볼 닦아 놔 줘야 쓰리 퍼터, 포 퍼터 했고, 캐디가 바쁜 게 보이는지 안 보이는지 카트를 옆에 세워 줘도 멀리 있는 캐디에게 "나 샌드 갖다줘" 하며 손만 내밀고 있었다.

홀을 두 홀 반이나 까면서도 '오케이'는커녕 서두를 기색이라고는 찾아볼 수가 없었다. 경기과에서 마샬이 나와서 조금만 빨리 가 달라고 부탁을 해도 전혀 반응이 없었다.

같은 모임의 남성들은 이 여성들이 못됐다고 생각했는지 나인 종료 후 자신들의 캐디도 아닌데 "힘들지? 후반은 우리가 도와줄게." 하며 드라이버 칠 거리를 아이언으로 짧게 짧게 잘라 가면서 바짝 붙어 앞 캐디를 보호해 주었다. 여성들이 캐디를 괴롭힐 수 없게 되자 "야! 뭐 가져와!" 하더니 갑자기 캐디 이름을 다정히 부르면서 팔짱까지 꼈다. 그러면서 뒷팀 캐디를 불러서 가까이 붙지 말라고 경고를 주기도 했다. 그녀들의 나이는 50살이고 내일까지 죽어야 한다는 캐디는 이제 겨우 23살이었다.

누가 잘해 주라고 얘기라도 하면 캐디 어깨를 감싸며 자기는 아닌데 다른 여성들이 캐디를 괴롭힌 것처럼 자신은 한발 물러섰다.

어지간하면 남성 캐디들이 여성 고객이면 바꿔 나가 주기도 하는데 그녀들의 이름을 확인한 남성 캐디도 치를 떨며 못 바꿔 주겠다고 할 정도였고, 그녀들을 나갔던 캐디들 모두가 너무 무례하고 못

됐지만 남성 고객들이랑 섞여서 오면 그나마 낫다고 얘기를 할 정도였다.

  도대체 왜 그렇게 사는지… 그녀들은 미친 게 틀림없다.

  몇몇 고객들은 자신들의 말에 힘이 있다고 착각하는 경우가 있는 듯하다. 캐디라는 것이 분명 서비스직이기는 하지만 무조건 골프장이나 경기과가 손님 편을 드는 것도 아니다. 더구나 요즘은 회사도 직원들의 고충을 이해하려 하고 같이 가는 상생의 길을 찾는다. 그것이 캐디의 이직을 막고 더 나은 서비스를 제공할 수 있기 때문이다.
  코스에 담배를 물고 들어가는 손님을 제지한 캐디에게 클럽을 집어던지는 행위를 하고 코스를 막아 놓고 진행을 안 하면서 경기과 오라고 하는 몰상식한 골퍼의 말에 귀를 기울이지는 않는다.

28

  어느 날은 모든 플레이가 좋았다. 하지만 17번 파 5 롱홀에서 헤매다가 앞팀을 놓쳤고 18번에 이동했을 때는 이미 앞팀이 그린에서 아웃하고 있는 상태였다.
  고객은 자신의 시간에 맞추지만 캐디는 전체 흐름을 본다. 우리도 빨리 나아가야 하는데 두 사람의 볼이 오비가 되었고 멀리건을 치겠다고 했다. 마지막 홀이고 아쉬울 듯하여 얼른 치시라고 했더니 두 분이 멀리건을 칠 때 이미 앞팀은 그린을 비운 상태였다.
  두 번째 친 볼도 오비가 되었다. 세컨으로 이동해서 거리를 얘기하고 클럽을 들고 이동하는데, 두 개 다 오비 난 고객은 클럽도 챙기지 않고 뒤도 돌아보지 않고 볼을 찾으러 산으로 가더니 모두가 그린에 갔는데도 오지를 않았다.

결국 나는 특설 티에 클럽을 놓고 그린으로 와서 세 사람의 그린 플레이를 도왔고 이미 뒷팀은 대기를 하고 있었다.

동반자들이 오라고 불렀지만 그는 오지 않았다. 뒷팀은 내가 쳐도 된다는 무전만 기다리고 있었다. 그 홀의 거리가 짧아 쳐도 된다는 무전을 줘야 칠 수 있는 곳이었다.

세 사람의 그린 플레이가 마무리되었을 때 산에서 내려와서 특설 티에서 볼을 쳤다. 뒷팀은 계속 기다리며 쳐도 되는지 무전을 했지만 나는 답을 해 줄 수 없었다.

플레이를 마무리하고 백을 실으러 이동해서 다 정리하고 난 뒤에 조용하고도 부드럽게 말씀드렸다.

"요즘은 해가 짧아져서 1부 2부 팀이 없기 때문에 투 라운드 나가는 언니들이 밥을 먹을 시간이 부족하니 다음에는 마지막 홀은 조금 빨리 아웃해 주시면 감사하겠습니다." 마지막 홀을 빗대어 한 말이었다.

그랬더니 네 사람이 갑자기 벌 떼처럼 한마디씩 쏘아붙였다. 우리가 캐디 밥 먹는 거까지 신경 써야 하냐면서….

시간이 없는 나는 미친 듯이 밥을 — 그야말로 들이마셨다 — 먹고 투 라운드 대기를 하러 오니 경기과에서 나를 찾았다. 방금 고객이 컴플레인을 걸고 갔다는 것이다. 어이가 없어 자초지종을 얘기했더니 경기과도 맞는 말이지만 조금 참으라고만 하고 별다른 경고는 없었다. 아마도 그들은 내게 무슨 일이 있기를 바랐을지도 모르겠다.

그야말로 별것도 아니었다. 멀리건도 쳤고 볼도 찾을 만큼 충분히 산을 헤매고 오지 않았던가. 그러고도 할 말이 있다는 게 단지 화풀이가 아니면 무엇인가….

진상 고객들을 가만 살펴보면 그들에게는 공통적으로 자신들만은 특별하다는 오만함이 깔려 있는 듯하다.

하늘에 계신 이가 웃으심이여 주께서 저희를 비웃으시리로다.(시편 2장 4절)

정작 특별하고 대단하신 분들은 오히려 마음이 여유롭고 넓은 것을 볼 수 있다.

29

어느 순간부터 여성 골퍼들이 늘고 있다. 볼도 잘 치고 성격도 어지간한 남성들보다 호탕하고 시원시원하며 오버피도 남성들보다 더 기분 좋게 주는 분들이 있다.

진행이나 캐디의 고충을 너무나 잘 알아서 스스로 클럽을 바꾸거나 볼 타월도 스스로 차고 볼 마크도 스스로 하고 라이도 잘 보시는 분들이 꽤 있다. 그래도 대부분의 여성 골퍼들은 스스로 아무것도 할 줄 모르고 하기도 싫어한다.

도가니가 아프다고 쓰리 퍼터 포 퍼터를 하면서도 다 라이를 놔 주기를 바라는가 하면 허리 아프다고 퍼터 뒤에 볼 집는 기구를 부착하고 다니기도 한다. 어르신들은 이해를 하지만 젊은 30~40대가 그러고 있는 것은 좀 볼썽사납다. 머리가 좋다는 인상보다는 게으르다는 인상이 더 강하다.

거리가 짧으니 세컨에는 우드가 보통이지만 걸어가면서 손에 들려 주면 무겁다고 안 가져가는 고객도 있다. 그게 무거워서 못 가져갈 거면 볼은 어떻게 치러 나오는 건지….

특히나 50m 안쪽이면 클럽마다 다 비슷한데도 불구하고 ― 사실 그 정도는 어떤 클럽으로 쳐도 거리가 다 똑같다 ― 서너 개의 클럽을 교체한다. 그래서 카트의 이동을 할 수 없게 만들어 진행을 힘들게 하는 고객들이 있다.

힘겹게 그린에 올라가도 핀대로부터 사방으로 퍼져 있는 볼을 아무도 마크하지 않고 내가 갈 때까지 가만히 서서 기다린다. 어떤 경우는 다른 볼 마크를 하고 있는데 자기 거 마크해 달라고 보채는 경우도 있다.

하다못해 가는 길에 걸리는 볼조차도 멀리서 마크하고 있는 내게, 앞에 볼 마크 좀 하라고 한다.

그린에서도 클럽을 잔뜩 들고 있는 모습을 보고서도 당연하듯 자신의 퍼터를 건네는가 하면 받으려 하는데 '오케이' 받고 연습한다고 또 친다.

투 라운드 하는 날 아침에 여성 고객 네 명 팀이 걸리면 며칠간 무릎이 아프다. 나는 더 싫은 것이 남녀를 불문하고 클럽 커버를 벗겨도 되겠냐고 물을 때는 아무 말도 안 하다가 그린에 가서 잔뜩 들고 있어 빈손도 없는데 그때 커버를 벗겨서 나에게 건네는 경우다. 좀 진작 벗겨서 두면 좋을걸.

먹을 것을 바리바리 들고나와도 그런 경우가 많다.

세심할 것 같은 여성들이 자기들만 먹고 권하지 않는다. 특히나 50~60대가 이상하게 더욱 그렇다. 남성들이 더 잘 나눠 먹는다.

젊은 층도 아니고 뭔가를 알아 가고 나누는 기쁨과 상대에 대한 배려를 알아 갈 나이가 왜 더욱더 이기적인지를 이해하기 어렵다.

이성에 대해서는 남녀노소를 불문하고 끌리는 거 같다.

아줌마들도 아저씨들과 똑같다.

투 라운드 하느라 힘든 나이 어린 남성 캐디들에게 불끈 솟은 힘줄을 보고 멋있다고 하며 누가 봐도 아들뻘 되는 애한테 "오빠 나 힘들어서 못 걷겠어. 끌어 줘." 하며 한여름에 팔을 잡고 늘어지는 경우도 있어 힘들어 죽겠다고 했다.

전에 있던 Y 골프장의 한 여성 회원은 26살 먹은 잘생긴 경상도 남성 캐디를 몹시도 아꼈다. 다른 캐디가 배정되면 자기 아들이랑 동갑이라서 그렇다고 하지만 종일 그 캐디 이야기만 하고 지금 어느 위치에 있는지도 궁금해했다. 그러다 그 캐디를 나가면 오버피가 달랐다. 그 캐디가 나가면 할 일이 없을 정도라고 했다. 자신의 전화번호를 주고 놀러 오라고…. 같은 동반자들도 다 아는 사실이었다.

30

 여성의 옷차림은 참으로 화려하다. 특히나 남성 고객이랑 같이 오는 여성들은 한여름에도 어깨가 다 드러나는 나시도 있고 거의 속이 보일 거 같은 핫팬츠도 입고 온다.

 그리고 민망하게 반대편 남성을 향해 무릎을 굽히지 않고 다리를 쩍 벌리고 라이를 놓는다. 그래도 젊고 날씬하면 봐 줄 만하다.

 어느 날 50대 후반쯤 되어 보이는 뚱뚱한 여성이 다리를 굽힐 수 없어 다리를 쫙 벌리고 엉덩이를 하늘로 향하고 허리를 숙여 티를 꽂는데….

 환장하겠다. 조용히 가서 무릎을 구부리라고 말씀드렸지만 그녀에게는 내가 봐도 어려운 자세였다. 옆에 있던 60대의 아저씨들도 보기가 만망하여 좀 앉으라고 소리를 질렀다. 문제는 그 여성분이 스스로 부끄러움을 모른다는 것이다. 싫다고 내버려 두라고 소리를 질렀다.

 나는 그녀의 애인에게 하도 궁금해서 도대체 어떻게 애인이 되었냐고 물었고 그 남성분은 큰 소리로 "우리가 어떻게 애인이 되었냐고 묻는데?" 했다.

 여성분의 답변이 "안 넘어올까 봐 내가 한 번 준다고 했지…"라며 **뻔뻔한 농담**을 건넸다.

31

 겨울이 끝나갈 무렵이었다. 손님이 많지 않은 시기라 코스는 여유로웠고 골퍼들은 분위기도 좋고 플레이도 빨랐다. 앞팀의 간격은 없는데 뒷팀은 우리 팀을 따라오지 못해서 우리는 앞팀을 기다리면서 쳐야 했다. 아직 한기가 남아 있는 날씨에 기다리면서 치는 것이 미안해서 나는 파 3 숏홀을 한 번 더 서비스해서 돌아 주었다. 모두들 너무 좋다고 환호를 지르며 즐거운 플레이를 마무리했다. 나는 서비스하는 것이니 비밀로 해야 한다고 말씀드렸다. 들키면 회사가 좋아할 리 없을 거라고….

 그러던 3월 29일.

 날은 따뜻한 봄을 맞고 있었기에 햇빛도 따뜻했고 골프 치는 고객도 많았다.

 그때는 골프장의 시즌이 서서히 시작되던 시기였다.

 그때 그 고객은 다시 방문했다. 그리고 프런트에 가서 당당하게 요구했다. 전에 내게 서비스받은 일이 있으니 오늘도 안 밀리면 한 홀 더 치게 해 달라고…. 골프장은 이게 무슨 말이냐고 경기과에 얘기를 했고 경기팀은 나를 불러 확인하고 벌당을 내렸다. 좋았던 플레이가 너무 기분 나빴다. 역시 사람은 그냥 베풀면 다음엔 너무 당연하게 요구하게 되는 모양이다.

32

 볼을 잘 치던 고객이 갑자기 파 5 롱홀에서 티 샷 오비가 3번이나 나 버렸다. 아무리 파 5 롱홀이라도 티 샷에서 오비가 3번이면 그 홀은 끝났다고 본다. 그 고객은 볼을 찾으러 산속으로 들어가서 나오지를 않았다. 경기팀에서 진행 요원이 나와 진행에 협조해 달라고 부탁을 했다. 하지만 그는 듣는 척도 하지 않았고 계속해서 자신의 볼을 찾고 있었다. 뒷팀은 와서 기다리고 있고 앞팀은 멀어져 가고 있었다. 진행 요원의 목소리도 따라 커지고 있었다.

"고객님 진행에 협조해 주셔야 합니다."

한참 후에 내려온 고객은 "저 새끼 뭐야! 너 이리 와 봐." 하시더니 욕을 하기 시작했다.

"고객님, 지금 욕하신 겁니까?"

"그래 이 새끼야 욕했다. 네가 뭔데 오라 가라야?"

그는 진행 요원의 가슴에 머리를 디밀며 "쳐 봐. 한 대 쳐 보라고…. 내가 안 가면 네가 어떡할 거야?"라고 화풀이를 하고 있었다. 싸움은 점점 커지고 손님들은 경찰을 불렀다. 경찰이 올 때까지 움직이지 않을 거라며 아예 그린 핀대를 가운데 두고 네 사람이 동그랗게 둘러앉았다. 뒷팀은 어프로치 위치에서 비켜 달라며 대기 중이었지만 칠 수는 없었다. 시간은 흘러가고 경기팀은 무전으로 홀 패스를 해서 다음 홀부터 플레이하라고 연락이 왔다. 뒤로 세 팀쯤 지나가고 나서야 경기팀장이 나섰고 다섯 팀쯤 지나니 경찰이 도착했다. 경찰은 자초지종을 듣고 그 고객의 플레이를 멈추게 한다느니 계속 진행한다느니 하며 백 정리를 했는데 카트에서 내렸다 실었다 하는 동안 시간은 자꾸 흘러갔다. 결과적으로는 서로 양보하고 풀어서 플레이가 진행되었는데 늦게 출발한 그들은 얼마나 빨리 플레이를 했는지 여섯 홀 만에 앞팀을 따라잡았다. 그만큼 빨리하려고 하면 할 수 있었던 것이다. 그들의 고집에 애꿎은 팀들만 홀 패스를 하는 상황이 된 것이다.

감동

사람이 살면서 어느 부분에서든 좋은 사람을 만나는 것은 매우 중요하다. 그 사람으로 인해 인생의 길이 바뀌기도 하고 좋은 영향력이 주변의 분위기를 살리기도 한다. 특히나 직장에서 좋은 상사를 만나는 것은 쉽지 않은 일이다. 우리도 누구나 경험해 봤겠지만 의사 선생님이 친절한 병원은 간호사도 몹시 친절하고 좋은 부모의 교육을 받은 자녀는 행복 지수가 높고 다른 사람을 배려하고 사랑할 줄 안다.

1

늦게 나와서 티 샷을 서두르는 캐디에게 시비를 걸고 스트레칭을 안 시킨다며 볼을 안 치겠다고 으름장을 놓는 회원이 있었다. 할 수 없이 경기과에 무전을 했더니 40대의 젊은 여성 마스터가 나왔다. 무슨 일이시냐고 묻자 그 회원은 몸도 안 풀었는데 시간이 됐다고 플레이를 재촉하는 것이 말이 되냐고, 회원 알기를 뭐로 아냐고 불평을 쏟아 놓았다. 마스터는 그러시냐고 죄송하다며 스트레칭을 시켜 드리겠다며 자리를 잡았다. "저를 따라 해 주십시오" 하며 스트레칭을 시작했다. 앞팀은 이미 그린 플레이 중이었다. 스트레칭이 아주 천천히 시작되었다. 하나, 둘, 셋, 넷… 하나, 둘, 셋, 넷….

  평소에 하지도 않는 동작까지 아주 천천히 한참을 이어 갔다. 하나, 둘, 셋, 넷…. 그만하고 티 샷을 하겠다는 회원에게 충분히 몸을 푸시고 출발하시라며 마스터는 스트레칭을 이어 갔다. 앞팀은 다음 홀로 이동했는데도 스트레칭은 여유로웠다. 그렇게 한참을 이어 가던 스트레칭이 끝나자 "충분히 몸을 푸셨지요? 이제 모두 카트에 탑승해 주십시오." 하며 어리둥절한 고객들을 카트에 태웠다. 그렇게 모두를 태운 카트는 마스터의 운전으로 1번 홀을 지나고 있었다. 회원과 고객들은 어디로 가는 거냐, 티 샷을 해야 하지 않냐며 놀라고 있는데 마스터는 2번 홀로 이동을 했다.

  "회원님이 늦게 나오시고 충분히 몸을 풀어야 한다고 하셔서 그렇게 해 드렸으니 다른 팀에도 민폐가 되지 않도록 2번 홀부터 치십시오"라며 너무도 단호하고 똑 부러지게 전달을 하니 회원도 뭐라고 대꾸를 못 하였다. 많은 경기과 직원이 고객이 잘못했음에도 자꾸 머리를 숙이니 캐디들도 기가 죽고 진상 고객들은 자기가 왕인 줄 알고 멋대로 하면서 고쳐지지가 않는 것이다. 지금이 무슨 중세 시대도 아니고 왕이 어디에 있단 말인가. 돈으로 왕의 신분을 살 수 있는 것은 아니다. 돈 많은 그 사람 위에도 그보다 돈 많은 사람은 있다. 누구나 입장이 바뀔 수 있는데 동반자로서 함께 가는 것이 맞지 않은가 생각한다.

  회원 한 분이 캐디피에 만 원짜리 하나를 슬쩍하고 꾸깃꾸깃 접어서 캐디에게 건넸다. 이미 회원은 로커를 향해 갔고 어이없는 캐디는 마스터에게 가서 하소연을 하였다. 그 마스터는 프런트로 달려갔고 회원이 계산하러 나올 때를 기다렸다. 한참 뒤에 모습을 드러낸 회원을 향해 "회원님 볼은 잘 치셨습니까?" 하고 인사를 건넸다.

"덕분에 잘 쳤지."

"회원님 근데 캐디피 만 원을 덜 주셨지요?"

그 말을 들은 회원은 당황해하며 지갑에서 만원을 꺼내 주었다.

"안 됩니다. 종일 고생한 캐디에게 만 원 덜 주셨으니 만 원 더 챙겨 주십시오. 그리고 앞으로 힘들게 일한 캐디에게 모자라게 주지 마시고 예약 같은 거 개인적으로 제게 부탁하지 마십시오."

사람 많은 데서 크고 또박또박 말을 하니 모든 사람들이 쳐다보고 그 회원은 얼굴이 빨개진 상태로 이만 원을 내주었다. 참으로 멋지지 않은가!

2

골프를 하다 보면 거의 90% 이상은 내기 골프다. 액수에 차이가 있을 뿐이지 누구나 무엇이든 내기를 한다. 굳이 하기 싫다는 사람에겐 핸디를 줘 가면서 달래고 얼러서 내기에 참여시킨다. 그러다 보면 예민해지고 싸움도 자주 일어난다. 돈이 없어졌다고, 핸디를 못 찾았다고, '오케이'를 안 줬다고…. 타수를 속이기도 하고 알을 까기도 하고….

사방으로 간 볼의 클럽을 바꿔 주다 그린에 늦게 도착했는데 먼저 도착하신 고객께서 퍼터 4개와 볼 타월을 그린으로 가지고 오셨다. 어떤 고객은 그린에 서서 빨리 퍼터를 가져오라고 소리를 지르는 분도 있는데, 누군가에게는 별일이 아닐지 모르나 일을 하는 사람을 배려해 준 마음이 고스란히 들어 있다.

3

70대 할아버지들의 내기는 현금이 오가는 것도 아닌 점 찍기가 많은데 살벌하다. 티 샷한 볼이 낭떠러지로 갔는데 살아 있는 듯하다.
　다른 분들의 클럽을 드리고 가 보니 볼이 오비 말뚝을 벗어나 있었다.
　나는 조용히 "그냥 여기 놓고 치세요"라고 말씀드렸다.
　그러자 그분은 볼을 들고 일어서면서 지금은 그럴 수 있어도 밤에 자려고 누워서 하루를 돌아보면 부끄럽다고 하셨다.
　이 얼마나 감동적인 말인가. 어떤 이는 볼 안 맞는다고 핑계를 동반자나 캐디에게 돌리기도 하고 내기에 150만 원 이상을 따 가지 않으면 '생계형 골퍼인 듯' 성질을 있는 대로 부리고 타수를 스스로 속이는 일도 많다. 70대의 어르신은 부끄럽다는 것을 아신 것이다. 그 일이 사는 동안 나의 기준이자 가치가 되었다.

4

S와 세 남성 L, P, K는 키도 크고 인물도 좋고 덩치도 좋고 볼도

감동　157

잘 치며 성격도 좋다. 항상 이런 골퍼만 있으면 좋겠지만 이런 행운이 늘 있는 것은 아니다. 특히 L은 장난기도 있고 유머러스해서 분위기를 재밌게 이끌어 가는 데 중요한 역할을 하고는 했다.

후반 2번 홀은 슬라이스가 심한 홀이다. 홀 설명을 했지만 이들은 이 골프장을 자주 다니는 분들이라 코스를 잘 아셨다. 세 사람의 볼은 페어웨이에 잘 안착이 되었지만 S의 볼은 오른쪽 산으로 올라갔다. 거리도 있는 편이라 내려오기는 힘든 볼이었다. 이동을 해서 세 사람의 클럽을 드렸다. 그리고 볼을 찾고 있는 S의 ― 오비 티에서 써야 하는 ― 클럽 두어 개를 가지고 나도 오른쪽 산으로 갔다.

우리 둘이 아무리 볼을 찾아도 찾을 수가 없었다. 뒷팀이 기다리고 있는데 마냥 찾을 수 없어 내려오셔서 치시라고 말씀드리고 클럽을 드렸다. 세 사람은 그냥 특설 티를 사용하라며 벌써 그린 쪽으로 이동하고 있었다. 이후로도 미련을 버리지 못하고 볼을 찾던 그는 결국 산에서 내려와 볼을 쳤지만 그린에 못 미쳤다.

그가 그린에 올라와서 퍼터를 쳤을 때 나는 볼이 홀컵으로 들어가 주기를 바랐지만 볼은 아쉽게도 홀컵을 비껴갔다.

S는 갑자기 참았던 화를 못 이기고 퍼터를 확 집어 던졌다.

난 당연히 멀리 던졌으리라 생각하였지만 그 퍼터는 바로 내 뒤에 떨어졌고 아찔한 상황이었다.

순간 모두들 너무 놀랐지만 정작 나는 퍼터가 떨어지고 난 후에 뒤를 돌아보고 안 것이어서 그리 놀라지는 않았다. 아마 눈으로 봤더라면 매우 놀랐을 것이다.

이런 비슷한 상황은 종종 일어나지만 보통의 사람들은 아무 말도 하지 않거나 눈치를 보거나 나중에 캐디에게 조용히 이해하라고 달래는 게 일반적이다. 하지만 그 순간 L은 "허어, 위험하게 뭐 하는 거야!" 하며 바로 나에게로 와서 괜찮냐고 물었다. 그리고 다행히 조금 찍힌 그린을 보수기로 수리해 주었다.

S의 스코어는 트리플이었다. P는 그 와중에 벙커 탈출을 못 해서 더블파를 기록했다. 다음 홀에 갔는데도 S는 화가 풀리지 않은 모양이다. 나를 돌아보며 잘하라고 소리쳤다. 딱히 잘못한 건 뭔가. 그렇게 볼을 친 건 본인의 실력이고 나는 볼을 찾으러 갔었다. 누구나 알 수 있는 괜한 화풀이다. 순간 L은 "그만해. 기분 좋게 치자."라고 했다. P는 "더블파 한 나도 아무 말을 안 하고 있는데 네가 그러면 되느냐"라고 했고 좀처럼 말이 없던 K도 그만하고 기분 좋게 치자고 한마디 거들었다.

다들 이렇게 말하니 S는 멈추었다. 그들은 내가 만난 골퍼 중에 최고였다.

아닌 것을 아니라고 말하는 용기 있는 당신들은 아주 멋진 골퍼이며 용기 있는 아름다운 사람들입니다.

5

지금은 마흔을 훌쩍 넘긴 연예인 S를 만난 건 그가 20대 중후반이었을 때였다. 그때는 지금의 카트가 아니고 백을 2개씩 넣어 수레에 끌고 다닐 때였는데 사실 굴곡진 잔디와 오르막 언덕 위를 끌고 다니는 것은 보통 힘든 일이 아니었다. 특히 나처럼 왜소한 체격은 그야말로 깡으로 버텨야 했다. 고객님들이 많이 도와서 끌어 주기도 하셨지만, 그때의 나는 고마움이 지나쳐 미안함이 되는 게 싫어서 혼자 하려고 애쓰던 시절이었다.

그는 일반인 친구들과 같이 왔었다.

지금도 그의 이미지는 너무 좋지만 그 젊은 나이에도 몰려드는 인파에 한 사람 한 사람 다 친절하게 웃으며 일일이 사인해 주고 수레도 적극적으로 끌어 주었다. 말 한마디 행동 하나하나가 온몸에 밴 매너남이었다.

젊은 그의 친구들도 매우 따뜻하고 친절했다. 유유상종이라고 했던가. 좋은 사람은 좋은 사람들끼리 별로인 사람은 이상하게 별로인 사람들끼리 모여 다니는 것 같다.

몇 년 뒤에 그의 작은아버지를 동료가 나갔다가 엄청 좋은 분이라고 칭찬했었다. 인품도 좋은 집안인 듯하고 S도 스타임에도 불구하고 말도 많고 탈도 많은 연예계 속에서 이미지 관리를 너무 잘하고 계신다.

반면 K는 이미지도 별로였고 실제 떠도는 소문도 별로였다. 같이 플레이를 해 보니 그의 성격이 보이는 이미지 그대로였다. 볼이 잘 맞아 기분이 좋으면 엄청 친절했지만 볼이 잘 안 맞았을 때 그의 솟구치는 화는 보이는 이미지 그대로였다. 나는 그의 화를 달래느라 애를 썼던 기억이 있다. 역시나 그는 나중에 여러 사건으로 뉴스에 나왔지만 전혀 이상하지 않았다.

6

어느 고객이 자신이 자주 다니던 골프장에서 고객 인기도 조사를 했는데 ― 나도 고객을 상대로 매너상을 뽑는 골프장에서 근무한 적이 있다 ― 몇 번을 해도 꼭 2등을 했다고 한다. 자신은 항상 친절하며 캐디를 배려하고 동반자와도 매너 좋기로 유명하고 캐디에게 오버피도 잘 챙겨 주고 나간 볼도 찾지 말라고 하는 고객인데, 왜 항상 2등인지 도저히 알 수가 없어서 1등 한 고객에 대해 조사를 했다고 한다. 여기저기 알아보고 캐디에게 물어보고 나서야 1등이 될 수 없었던 이유를 깨닫고 인정하셨다고 한다.

그 1등 고객은 항상 오버피가 캐디피와 맞먹는다고 하셨다.

어떠한 경우에도 돈을 이길 수는 없다고….

기억에 남는 고객이 있어 늘 기억하고 있었다. 8년 만에 다시 만나서 엄청 반가웠다. 처음 같이 플레이했던 일을 서로 기억하고 있어서 한참을 추억 얘기로 꽃피웠고 동반자들은 매우 놀라워했다. 오버피 없이 캐디피만을 우리는 '딱피'라고 하는데 그는 그날 그렇게 반가웠음에도 딱피를 계산하고 갔다. 그리고 나는 그를 잊었다. 만 원의 위력은 그런 것이다.

때로는 하루 종일 힘들다가도 오버피를 받으면 진상이었던 고객이 감동으로 다가오기도 하고, 아무리 하루가 좋았어도 캐디피만 받으면 그저 그런 고객이 되기도 한다.

돈의 위력이다. 최악은 과장을 좀 하자면 오버피도 없으면서 종일 전화번호 달라고 조르는 고객이다. 사람 눈 다 똑같지, 돈 쓰러 와서

감동 161

쓸 줄 모르는 고객에게 누가 호감을 느끼겠는가. 더 싫은 것은 오버피를 안 받아도 되는데, 플레이 내내 오버피를 너무 주고 싶은데 버디가 안 나온다고 빈말을 하는 경우이다. 하다못해 경기가 끝나고 정리를 하는 시간에도 오늘 버디가 안 나와서 버디피를 못 줘서 서운하다고 얘기하시는 분들이 있다. 정작 그렇게 주고 싶으면 그냥 주셔도 된다고 말하면 그건 아니라고 하셨다. 듣다 못한 동반자도 그렇게 주고 싶으면 그냥 주고 아니면 그만 얘기하라고 했다. 오버피는 꼭 버디 때문이 아니라 자유롭게 주는 것이다.

7

P는 인상이 몹시도 험상궂었다. 목소리도 걸걸해서 누가 봐도 그의 첫인상은 까칠해 보였다.

첫 홀에 세컨이 산으로 올라간 고객이 있어 그걸 찾으러 갔다 오니 숨이 찼다. 어프로치를 바꿔 주고 오르막 그린을 향해 뛰는데 먼저 도착한 P가 퍼터 4개를 빼 가지고 오셨다. 너무 감사했다.

그린에서도 자신의 퍼터를 내게 주지 않았다. 나 무거우니 자신이 들고 가겠다고 하셨고 그린의 볼도 손대지 말라고 하셨다. 그래도 닦아만 놓겠다고 했는데 손도 못 대게 하셨다. 나 무릎 아프다고. 볼을 라이 본다고 다 들어가게 치는 것도 아니라면서….

무뚝뚝한 그의 표정이 따뜻하게 느껴졌다.

나인을 돌고서도 그늘집에서 맛있는 거 사 먹으라며 만 원을 건네주셨다.

나간 볼은 찾으러 가지도 말라고 하셨다.

더 열심히 하려고 하면 아무것도 하지 말라고 하셨고 나는 "우리 집에 쌀이 떨어져 캐디피 못 깎아 준다"라고 농담을 건넸다.

그는 걱정하지 말라고, 캐디피를 더 주면 더 주지 깎지는 않는다고 하셨다. 나도 그런 고객에게는 뭐라도 하나 더 챙겨 드리고 싶다. 가지 말래도 더 열심히 볼을 찾아 드렸다. 하지 말란다고 안 할 것도 아니었다. 그의 배려로 나의 하루가 너무 편하고 행복했다.

8

캐디들이 선호하는 골퍼들이 있다. 물론 통계가 그렇다고 다 좋은 것도 아니지만 대체적으로 50~60대를 선호한다.

그들은 대체로 볼도 어지간히 쳐 주면서 매너도 있고 인정과 배려도 있다. 사회생활을 오래 해서 그런지 서로가 어울리는 법을 안다. 경제적으로도 안정권에 들어선 나이다 보니 물질적으로도 여유롭다.

9

그들이 나와 플레이를 한 것은 가을이 막 시작되는 시기였다.

30대 중반이었는데 몸에 그림도 있고 인상은 엄청 까칠하고 막말도 하고 담배까지… 꼭 불량 청소년을 만난 듯한 느낌이었다. 거리만 내고 자기 고집만 부릴 거 같고 진행은 신경도 안 써 줄 거 같은…. 그러다 말 한마디 잘못하면 삐질 거 같은?

딱 그랬다. 스트레칭을 하자 했더니 자기들이 알아서 하겠다고 신경 쓰지 말라고 했다. 그러다 P가 나를 보더니 가져온 음료수를 받았냐고 물었고, 괜찮다고 대답하자 드시라고 챙겨 주었다.

요즘은 볼을 정직하게 치는 사람을 찾아보기 힘든데 그들은 매우 정직하게 볼을 쳤으며 내가 볼을 찾으러 뛰어가면 버리라고 찾지 않아도 된다고 하셨다. 그린에서는 다들 볼 타월을 하나씩 장착하고 스스로 마크하고 스스로 라이를 놨다.

아무리 멀어도 클럽은 스스로 가져가려고 하셨고 내가 가져다드리려고 해도 그냥 옆 사람 걸로 치겠다며 가져오지 말라고 했다. 앞에 앉은 사람이 스스로 스코어도 입력하니 너무 미안할 정도였다.

나인을 종료하니 나에게 만 원을 건네며 음료수를 사 드시라고 했다. 그 나이에 볼을 못 치는 것도 아니고 가볍게 농담도 건넬 줄도 아셨다. 나는 너무 감사해서 미안한 마음까지 들었다. 그린에서 본인들끼리 알아서 하는데 나는 이런 일이 좀처럼 없는 일이다 보니 적응을 못 하고 가만히 서 있으면 될 것을 혼자 이리저리 동동거렸다.

어디서 오셨냐고 물으니 오창에서 왔다고 하셨다. 사실 난 오창을 잘 모른다. 가 본 적도 없고 오창이라는 이름조차 나에게는 낯설다. 그런데 요즘 골프장을 다녀가시는 오창 고객들을 보면 사람들이 대체적으로 좋았다. 나는 오창에서 오셨다는 얘기를 듣고 속으로 역시 그렇지 했다.

30대의 젊다 못해 어리게까지 느껴지는 그들을 보며 나는 알지도 못하는 오창이라는 곳을 좋아하게 되었고 꼭 방문해 보고 싶어졌다.

그들은 버디가 하나도 나오지 않았음에도 불구하고 플레이가 끝난 뒤에도 캐디피를 넉넉히 챙겨 주셨다. 너무 감사하고 미안해서 감사하다고 말씀드렸더니 그중에 장난기가 많으신 C가 "지금 우리 보고 만 원 더 달라는 얘기예요?" 하며 농담을 하셔서 다들 웃었다. 나는 그날 너무 기분 좋은 하루를 보냈다.

10

'기적'

이건 정말 글로 표현하기 어려운 부분이다.

지금의 그녀는 영어 학원을 운영하고 있고 빚도 다 갚아 여유가 있지만 그녀도 한때 젊은 날 23억 정도 빚을 진 캐디였다. 물론 부모님의 빚이었지만 그것은 자녀들에게 부담이 될 수밖에 없었다. 세 살던 집에서 그날 중으로 1억을 해결하지 않으면 그 밤에 짐을 빼야 하는 상황이어서 원 라운드가 끝나면 은행에 가서 대출을 받아야 했다. 그것도 가능한지도 알 수 없는….

원 라운드가 끝나고 퇴근하려는데 투 라운드를 나가야 한다고 경기과에서 연락이 왔다. 그녀는 선택을 해야 했다. 돈이 없으니 돈도 벌어야 하지만 대출도 받으러 은행도 가야 했다. 결국 투 라운드를 다른 동료에게 넘기지 못해 그냥 본인이 일을 나갔다.

플레이를 하는 동안 그녀는 온통 집에 관한 생각뿐이었다. 독실한 크리스천인 그녀는 날마다 기도하는 생활을 했는데 일을 하면서도 "어떻게 해야 하나요? 도와주세요 하나님."이라고 기도했다고 한다.

나인을 돌고서도 이대로 체인을 하고 집에 가 봐야 하는 거 아닌가 하는….

그러면서 후반을 시작했고 어느덧 끝을 향해 가고 있었다. 외국인 고객을 접대하는 자리였는데 한국인들이 그를 많이 챙겼다고 한다. 그 외국인은 볼을 잘 치지는 못했지만 버디를 한 번도 못 해 봤다고, 버디 하는 게 소원이라고 했다. 그러다 마지막 그린에서 한 30m 되는 긴 퍼터를 남겨 두었다.

그린도 구부러져 있어 몹시도 어려운 라이였다. 볼을 놓는 순간 그녀의 눈에 뱀처럼 휘어져 들어가는 라이가 보였고 볼을 놓고 일어나니 고객이 이대로 치면 되겠느냐고 되물었다. 그녀는 자신 있게 이대로 치시라고 대답했다.

결국 그 볼은 뱀처럼 그 라이를 타고 홀로 흘러 들어갔고 모두 난리가 났다. 그 외국인은 그날 생애 첫 버디값으로 그녀에게 1억을 주었다.

11

캐디 생활 1년쯤 되었을 때였다. 안개 낀 날 부부가 왔는데 남편이 홀인원을 하였다. 남편이 부인을 향해 "언니 2만 원 챙겨 줘"라고 했지만 그녀는 나에게 만 원을 주었다. 그리고 플레이하는 동안 내내 어디에 나무를 심을까 하고 두 부부가 설레는 의논을 하였다. 그것이 나의 첫 번째 홀인원이었다.

그 후로 오랫동안 십 년이 넘도록 홀인원은 없었다. 어느 해인지 유난히 동료들의 홀인원 소식이 여기저기서 나왔고 난 부러웠다.

난 작정을 하고 4시간에 걸쳐 복주머니를 바느질해서 만들었고 매일 퇴근하면 교회 강대상 앞에 엎드려 나도 홀인원을 하게 해 달라고 기도했다.

한 달쯤 되었을 때 새벽에 꿈을 꾸었다. 나의 뒷팀에서 홀인원을 하는 꿈이었다.

나는 꿈속에서 뒷팀 캐디 손에 나의 복주머니를 쥐여 주며 홀인원 값 받으면 오천 원만 달라고 했다.

그리고 출근해서 여성 세 분을 나가게 되었는데 인사를 하고 첫 티에 올라가서 "제가 지난밤 좋은 꿈을 꾸어서 오늘 좋은 일이 있을 거 같아요"라고 했더니 그중에 한 분이 "나는 지난밤 꿈이 안 좋아서 좋은 일 같은 건 없을 거야"라고 하셨다.

그리고 파 3 숏홀 3개가 지났다. 마지막 숏홀에 섰을 때 마음속으로 "아 여기가 오늘 마지막인데…" 하는 마음이 들었다.

앞에 골짜기가 있고 거기서 솟아오른 나뭇잎 때문에 홀이 보이지 않았다. 볼 세 개를 치고 이동하니 볼이 두 개밖에 보이지 않았다. 홀을 향해 잘 갔는데 없어져서 주변을 찾아보다 포기하고 그냥 하나 치시라고 했는데 한 분이 홀컵을 살폈는데 거기에 볼이 있었다. 너무 간절히 기도를 하다 보니 소원을 들어주신 모양이다.

12

가끔씩은 정말 멋진 여성 골퍼들이 있다. 어느 남성 고객보다 **훨**

씬 호탕하고 시원시원하며 재미와 매너까지 더한⋯.

전에 밀양에서 만났던 중년의 여성분은 남성들 못지않게 뛰어난 유머 감각에 말씀을 너무 시원시원하게 하시고 성격이 호탕하셨다. 정말 손님으로서가 아니라 친하게 지내고 싶은 고객이었다 볼도 잘 치셨지만 농담도 너무 웃겨서 난 종일 웃고 다녀 더운 여름날인데도 일이 힘든 줄을 몰랐다. 강아지 모양의 손가방으로 우드를 덮어 놓으셨길래 너무 귀여워서 "이거 저 주세요" 했더니 앞에 동반자가 준 것이라며 들키지 않게 가져가라고 하셨다. 그다지 가방을 좋아하지 않지만 난 그 가방을 아직도 귀하게 사용하고 있다.

13

앞팀의 남성 네 분과 우리 팀의 여성 네 분은 단체였다. 성질이 까칠하게 생긴 분들이었고 인사도 받는 둥 마는 둥 시작을 해서 그다지 마음에 들지 않았다.

고객들도 캐디가 인사도 안 하고 얼굴이 굳어 있으면 싫겠지만 나도 첫 만남에 안녕하십니까, 했는데 인사를 받지도 않고 뚱한 고객들은 기분이 좋지 않다. 인사는 서로 간의 기본이 아닌가⋯.

누가 먼저 하느냐보다도 서로 반갑다고 하는 건데, 먼저 하는 것도 아니면서 인사하는 나를 무시하는 것 같아 기분이 좋지 않았다.

첫 홀 세컨에서 K는 이글을 할 뻔했다.

역시나 그분을 제외하고는 그린 위의 볼들이 사방으로 흩어져 나의 발걸음은 바빴다.

볼을 놔 주고 끝내신 분의 퍼터를 받으려는데 A가 퍼터를 주지 않았다. "언니 무거우니 내가 가져다 놓을게"라고 하셨다. 나는 좀 놀랐다. 남성분들 중에도 그런 분 찾기는 쉽지가 않다.

그린에서 클럽을 잔뜩 들고 있는데도 굳이 가져가라고 안겨 주시거나 퍼터 커버를 벗겨 두라며 내게 맡긴다.

"제가 받아 가겠습니다"라고 했더니 A는 "내가 가는 길인데 뭐… 내가 갖다 놓지 뭐." 하시며 끝까지 주지 않으셨다.

K도 카트에 앉자마자 내게 버디값을 주셨다. 다른 동반자들도 먹을 것을 내게 챙겨 주시고 볼도 자신들이 놓고 내게 봐 달라고 하셨다. 뭐 저런 사람들이 다 있을까 했지만 티에 올라가면 드라이버를 들고 벌써 준비하고 계셨다.

다른 사람들은 카트에서 도통 내리지를 않아 제발 내려서 준비 좀 해 달라고 통 사정을 해도 듣지 않는데 이들은 거리별로 준비를 하고 계셨던 것이다. 제일 짧은 고객이 먼저 티까지 꽂아 볼을 올려놓고 기다리고 있었다.

장타자는 알아서 맨 나중에 쳤다. 내가 전혀 재촉할 이유가 없었다. 찾을 수 있을 것 같은 볼이어서 풀숲을 뒤지면 뱀 나온다고 그냥 버리라고 찾지도 못하게 나를 재촉하셨다. 그냥 그들의 행동이 너무 예뻤다.

플레이가 끝나고 앞팀 캐디한테 얘기했더니 역시나 앞팀의 남성분들도 좋았다고 했다. 사람은 끼리끼리라는 말이 맞는가 보다.

14

무슨 일에든 가능함을 보여 주는 이들이 있다.

도저히 할 수 없을 거 같은데 누군가가 해낸다면 우리는 아무 말도 하면 안 된다. 가끔씩 손가락 몇 개가 없는 고객도 계시고 손목이 없는 경우도 있다.

어느 날은 손목이 없는 그 고객님이 조용히 "나 같은 사람은 만나기 싫지?"라고 하셨다. 열심히 연습을 하시고 동반자들과 볼도 치러 다니시지만 아직 세상에 자신이 없으셨나 보다. 그분은 아직 젊기도 했지만 매너도 너무 좋고 인성도 좋았다. 정 많은 동료에게 그분에 대해 얘기했더니 "언니가 만나 준다고 하지…"라며 안타까워했다.

15

난 캐디 아르바이트를 한 적이 있었는데 내 앞팀에 스포츠 지도사 자격증을 따러 오신 고객이 있었다.

그는 50대 후반에서 60대 초반쯤 되어 보였는데 오른쪽 어깨부터 없었다. 볼이 나갈까 걱정하며 바라보고 있었는데 첫 홀에서 왼쪽으로 당겨져 오비가 났다. 그래도 꿋꿋이 다시 치셨는데 볼을 나의 예상보다 훨씬 잘 치셨다. 이동하시는데 ― 내가 좀 감성적인 것도 있지만 ― 저렇게 하려고 노력을 얼마나 했을까 싶어 바라보고 있는 내내 감동의 눈물이 울컥 차올랐다.

끝나고 식당에서 그를 다시 만났을 때 "정말 대단하세요"라고 말을 건넸지만 그는 시크하게 한 번 쳐다보고 대꾸하지 않았다.

 그런가 하면 다리를 다쳐 목발을 짚고 볼을 치시는 분도 있다. 오직 카트를 자신만을 기준으로 돌아가게 해서 진행이 바쁜 우리는 차라리 세 분 플레이면 좋겠다고 생각했다. 하지만 그들의 공통점은 일반인들보다 볼을 더 잘 친다는 사실이다. 어쩌면, 운동 신경이 조금 더 뛰어날 수도 있겠지만 그렇게 되기까지 그들의 수고와 노력에 박수를 보내고 싶다.

 누가 골프를 매너 운동이라고 했는지….
 골프는 플레이도 중요하지만 개인전이 아닌 캐디까지 4~5명이 같이 하는 그야말로 함께 하는 스포츠다.
 그런데 볼이 좀 안 맞는다고, 돈을 잃었다고, 캐디가 볼을 잘 못 봤다고 캐디 핑계를 대는 경우도 더러 있었다.
 솔직히 보기 어렵게 치는 볼도 많고 날씨나 그날의 컨디션 상태에 따라서도 또는 옆 동반자가 말을 시키거나 경기과의 무전 때문에 놓치는 경우도 많다.
 그럼 본인의 볼은 본인은 왜 못 본 것인지…. 다 같이 봐도 아무도 못 보았는데 그걸 굳이 캐디 탓으로 돌려야 하는가?
 캐디들은 많은 것을 바라지 않는다. 그저 분위기 망치지 않고 진행에 협조하는 팀을 좋아한다. 본인들은 진행이 빠른 팀이라고 하지만 솔직히 그런 팀치고 빠른 팀은 별로 없다. 본인들의 진행이 느린 것을 모른다. 골프는 앞팀을 보고 가는 것인데 자꾸 뒷팀에 신경 쓰는 경우가 많다. 뒷팀이 안 왔으니 하나 더 치라고 옆 사람을 배려하는 경우도 있지만 뒷팀이 올 때까지 치면 늦는 것이다. 오죽하면 골프 카트 중에는 APRO가 있지 않은가. '앞으로….'

하도 진행이 안 되는 초보팀을 나가서 "앞팀은 못 쫓아가더라도 뒷팀만 안 기다리게 해 주면 안 돼요?"라고 사정했더니 "코로나 시기에 5인 이상 모이면 안 돼서 간격 유지 중이다"라는 답을 했다.

진행은 캐디가 책임을 진다. 하나 더 치고 싶은 마음은 알지만 하나 더 친다고 잘 치는 것도 아니고 대부분 같은 자리로 간다. 멀리건도 앞팀과의 간격을 충분히 맞춘다면 어느 누구도 신경 쓰지 않는다. 캐디도 나서서 하나 더 치세요, 라고 하기도 한다.

멀리건을 쳤으면 진행을 해야 하는데 먼저 나간 볼을 찾는다고 온 산을 헤매며 돌아오지 않는다. 또 잘 간 볼도 다시 한번 쳐 놓고 먼저 친 볼을 치겠다고 두 번째 볼을 가장 먼 곳으로 쳐 놓고 자신은 주우러 가기 힘드니 캐디 보고 주워 오라고 한다.

이런 사람들은 캐디피를 4명이 내는데 자기 혼자 내는 것으로 착각하고 캐디를 혼자 부리려고 한다. 앞팀이 볼을 못 친다고, 늦다고 하지만 사실 뒷팀에서 보면 앞팀은 다 문제이다.

또 골프장에 볼을 치러 오는 것이 아니라 볼을 주우러 오는 고객도 있다. 다른 사람 플레이를 다 하고 기다려도 볼을 줍느라 온 산을 헤매고 나오지를 않는다. 골프장에 과실수를 보면 환장하고 과일을 따느라 정신없는 고객도 있고 ― 그들은 잔뜩 따서 카트에 실어 놓고 그냥 따는 재미라며 가져가지도 않는다 ― 또는 도대체 무슨 전화인지 — 들어 보면 별것도 아닌 안부 전화도 많지만 — 남들 다 치고 이동하고 뒷팀이 기다리고 있는데도 페어웨이 중간에 서서 끝까지 여유롭게 혼자 통화를 끝내고 천천히 산책을 즐기는 고객도 있다. 중간에 큰 볼일을 보고 와서도 자신의 볼을 다 치려고 하는 고객도 있다.

솔직히 그것은 자신만 생각하는 이기주의며 욕심이다.

참으로 희한한 것은 진행이 느린 팀이 매너도 별로인 것이다. 볼도 못 치고 말도 반말에 멀리건도 제멋대로며 먹을 것도 혼자 먹고 나간 볼은 찾을 때까지 미련을 놓지 못한다.

어떤 일이든 경력이 쌓인다는 것은 그 일이 능숙해진다는 것을 의미한다. 캐디의 경력은 사실 아주 뛰어난 상위 1%가 아니라면 3년 된 사람이나 10년 된 사람이나 그다지 별반 차이가 없다. 눈치가 빠른 사람과 성격이 긍정적이거나 사람을 좋아하는 밝은 사람이 조금 더 서비스에 잘 어울리는 것뿐이다.

경력이 쌓이고 나이가 들면 융통성이 생기고 사람들과 어떻게 어울리는지에 대한 방법을 알게 된다. 나이가 있는 캐디는 손님들의 농담에도 자연스레 파묻혀 가지만 젊은 캐디들은 고객들을 어르고 달래는 과정에서 조금 약하다.

50대의 친구들인 그들은 그렇게 이상한 사람들이거나 나쁜 사람들은 아니었다.

20대의 동료가 "○○미터입니다. 몇 번 드릴까요?"라고 했을 때 그들은 조금 떨어진 곳에서 그냥 지나가는 장난의 말로 캐디한테 한 것도 아니고 친구들끼리 "뭐 몇 번을 줘. 한 번만 줘도 되지…."라고 속삭이고 히히 웃었다. 그리고는 곧 잊었다.

다음 홀에 갔을 때 경기과에서 마샬이 나와서 갑자기 경기 중단을 시키더니 "캐디한테 한 번만 달라고 하셨습니까?" 했다.

그냥 농담을 하고 지나쳐 잊어버린 그들은 처음에 그 말이 무슨 뜻인지 몰랐다. 경기과 직원이 한 번 더 되물었다.

"고객님이 캐디에게 한 번 달라고 하셨습니까?"

그들은 갑자기 전 홀에서 농담했던 것이 생각났다.

"우리가 잘못했는데 그런 뜻으로 한 얘기는 아닙니다"라고 하니 마샬은 "캐디가 일을 못 하겠다고 캐디 교체 신고가 들어왔습니다"라고 대답했다.

그 고객은 잘못했다고 사과하려 했지만 그 캐디는 이미 진행 차를 타고 멀리 있었고 다른 캐디가 와 있었다. 캐디도 황당했겠지만 고객도 황당했다. 사과도 못 하고 다시 플레이를 이어 갔지만 좀 찝찝한 마음이었다.

서로 마주 보는 홀에서 반대쪽 세컨 고객이 있었는데 저쪽으로 갈 거 같다는 농담을 하면서 티 샷을 했다. 그런데 하필 세컨 준비하는 고객의 클럽을 정확히 맞추어 상대 고객님의 클럽을 부러뜨렸다. 서로 놀란 것은 말할 것도 없었다.

날씨가 좋아 나인 추가를 생각하고 있던 이들은 그길로 보따리를 싸고 오늘 일진이 안 좋다며 돌아갔다.

한참이 지난 후 그는 이 골프장을 다시 찾을 때마다 그 캐디에게 사과하려고 찾아다녔다. 그러나 퇴사를 한 것도 아닌데 좀처럼 만나기 어려웠고 그 고객은 같이 동반한 캐디마다 잘 좀 전달해 달라고 미안하다고 전하셨다. 나도 같이 그분들과 플레이를 했는데 꽤 젠틀한 고객이었다.

플레이가 끝나고 들어와서 그때 캐디에게 그 고객이 너무 미안해 하더라고 전해 주었다. 그녀는 "됐어요"라고 말했지만 이미 몇몇의 캐디로부터 들어서 마음이 풀렸는지 웃고 있었다.

가끔씩 캐디피를 탐하시는 분들이 있다.

실수로 돈이 안 맞는 경우도 있지만 일부러 밑장 빼기를 하는 고객도 있다. 분명 하나 더 챙겨 넣었다는 다른 고객의 말을 들었는데 혼자 남아 조용히 만 원짜리 하나를 숨기는 고객이 의외로 있다.

어떤 경우에는 모르는 척하고 접어서 주시는 경우도 있고, 어떤 경우는 슬쩍 주는 걸 눈으로 확인하는 경우도 있다.

그들은 모두가 있는 데에서 주지 않고 혼자일 때를 기다려 슬쩍 주고 간다.

한번은 조인 팀을 나갔는데 한 고객이 캐디피가 얼마냐고 물어서 얼마라고 하니 옆자리에 앉으신 고객님이 35,000원씩 걸으면 되겠다고 얘기하시며 자기한테 다 내라고 했다.

걷어서 자신이 주겠다고…. 그러나 접어서 준 캐디피에서 만 원이 비어 있었다.

어떤 고객은 동반자들의 이러한 행동을 알고 있는 듯하다. 왜냐하면 어느 호탕한 여성 고객이 "우리가 직접 캐디에게 주자", "우리의 돈을 누군가가 가져갈 수 있다"라며 왜 우리 돈을 자기가 갖는지 모르겠다고 비꼬아 얘기한 적이 있었기 때문이다. 돈 쓰러 와서 왜 그런 일을 하는지.

남성 네 분의 조인 팀이었는데 플레이는 별일 없이 마무리되었다. 캐디피를 각각 계산해서 S가 걷었고 C는 다른 사람보다 돈을 만원을 더 내어서 오버피를 채워 주었다. 갑자기 S가 하나 더 넣은 거 같다며 만원을 빼고 캐디에게 전달해 주었다. 백을 다 차량에 실어 줄 동안 C는 내리지 않고 마지막에 자신의 차량으로 이동할 때까지 조용히 있더니 고객들 모두가 다 들어가고 나서야 이상하다며 캐디에게 캐디피를 확인해 보라고 하셨다. 세어 보니 만 원이 비어 있었다. C는 S에게 그 자리에서 전화를 걸어 만원이 비었으니 프런트에 맡기라고 했다. 프런트에도 연락을 해서 만 원을 챙겨 달라고 당부를 하시고 돌아가셨다. 결국 S는 만 원을 프런트에 맡겼다. C도 정말 대단한 분이셨다.

외국의 어느 여유로운 골프장과 비교하기보다는 ― 로마에서는 로마법을 따르라는 말처럼 ― 기분 좋은 플레이를 할 수 있도록 양보를 하는 것이 좋다고 생각한다.
난 늘 똑같다. 천성이 사람을 좋아한다. 어떤 날은 컨디션의 난조로 거리나 라이가 틀릴 수도 있고 오비 난 볼을 못 찾는 날도 있고,

어떤 날은 모든 게 너무 잘 맞고 오비 난 볼도 정말 잘 찾기도 하지만 사람에 대해 크게 차별을 두지 않는다.

그럼에도 나를 최고의 천사 캐디라고 칭찬을 아끼지 않는 손님이 있는가 하면, 최악의 못된 캐디로 평가하는 손님이 있는 이유가 뭘까.

"310m 파 4 미들홀입니다. 200m 앞에 물이 있으니 끊어 가시는 게 좋습니다"라고 설명을 하면 여성들은 알아서 클럽을 꺼낸다. 반면 남성들은 "그래서 몇 미터 쳐야 하는데?"라며 묻는다.

조인 팀에서 아내가 친 볼이 잘못 맞아 오른쪽에 서서 이야기하시던 다른 팀 부부에게로 향하자 축구를 했다던 남편이 뛰어가서 발로 막았다. 볼은 정강이를 정확히 맞추었고 처음에 탁구공만 하던 혹은 나중엔 야구공만 한 크기로 변하였다. 아픔을 참아 가며 볼을 치는 그의 모습을 보며 나는 아내분에게 남편에게 잘하시라고 말씀드렸다. 평상시에는 잘 모를 수 있지만 정말 위험한 순간이 오면 그 남성은 몸이 먼저 뛰어가 구해 줄 것 같았다.

추운 겨울이었다.

한참 플레이를 하는데 고객에게 군대 간 아들로부터 전화가 걸려왔다. 받아 보니 군대 가서 처음 맞는 겨울인데 얼음물에 들어가는 훈련이 있었던 모양이다. 아들은 너무 무서웠는지 아빠에게 전화를 한 것이었다.

"아들~ 어차피 해야 하는 거 겁내지 말고 씩씩하고 용감하게 네가 먼저 들어가. 할 수 있지? 괜찮아. 겁내지 마. 알겠지?"

반대로 새벽 플레이를 하는데 중년의 여성분이 플레이 도중 학교에 등교하라고 대학생 딸을 전화로 깨우고 있었다. 계속 전화를 해도 그녀의 다 큰 딸은 전화를 받지 않았다. 갑자기 전화를 끊더니 아파트 경비 아저씨한테 전화를 해서 아파트 몇 호라며 올라가서 아이를 깨워 학교에 보내라고 했다. 난 그녀가 미친 줄 알았다. 다 큰 자기 자식을 그 새벽에 자기는 볼 치러 오면서 경비 아저씨에게 등교를 시키다니.

전국에 골프장 수만큼 캐디의 수가 만만치 않게 많다. 골퍼의 진정한 매너는 볼을 잘 치는 데서 나오는 것이 아니라 서로를 배려하는 데서 나온다고 생각한다. 남성 캐디가 나왔다고 해서 "시커먼 사내새끼들끼리 모였으니 볼이 맞을 리 없겠다"라고 첫 만남부터 빈정상할 말을 하지 않으면 좋겠다. 그것으로 인해 남성 캐디들도 스트레스를 많이 받는다.

여성 캐디도 마찬가지다. 누군가의 딸이요 누군가의 아내이며 누군가의 어머니가 아닌가. 반말을 해도 괜찮을 만큼 어린아이도 없고 "야! 야!" 하고 불러도 좋은 '야'도 그곳엔 없으며 있는 성질 없는 성질 다 부려도 좋은 성인도 없다. 캐디를 하인이나 하녀로 생각하지 않고 동반자로 생각해 주면 좋겠다.